Christian Liebhart

Mitarbeiterbindung: Employee Retention Management und die Handlungsfelder der Mitarbeiterbindung

Diplomica® Verlag GmbH

Liebhart, Christian: Mitarbeiterbindung: Employee Retention Management und die Handlungsfelder der Mitarbeiterbindung, Hamburg, Diplomica Verlag GmbH 2009

ISBN: 978-3-8366-7915-2
Druck Diplomica® Verlag GmbH, Hamburg, 2009

Bibliografische Information der Deutschen Bibliothek
Die Deutsche Bibliothek verzeichnet diese Publikation in der Deutschen Nationalbibliografie;
detaillierte bibliografische Daten sind im Internet über
<http://dnb.ddb.de> abrufbar.

Die digitale Ausgabe (eBook-Ausgabe) dieses Titels trägt die ISBN 978-3-8366-2915-7 und kann über den Handel oder den Verlag bezogen werden.

Inhaltsverzeichnis

1. Problemstellungen deutscher Unternehmen

In der heutigen Dienstleistungsgesellschaft haben deutschen Unternehmen mit einigen Problemen zu kämpfen: Themen, die bereits in etlichen Studien aufgegriffen wurden, wie der demografische Wandel, der Fachkräftemangel, der Wandel in der Wissensgesellschaft und die Veränderungen der Arbeitsbedingungen sind in Deutschland den meisten Betrieben bekannt. Ebenfalls relativ neue Aspekte, die in den letzten Jahren mehr und mehr in den Fokus gerückt sind, gehören dazu: Die Veränderungen in der Mitarbeiter-Unternehmensbeziehung und die Abnahme der Mitarbeiterloyalität. Im Folgenden werden diese aktuellen Problemstellungen in deutschen Firmen näher erläutert und ein Überblick geschaffen, aufgrund welcher Einflüsse die Mitarbeiterbindung in der heutigen Zeit ein interessantes Personalinstrument ist.

1.1. Demografischer Wandel und Fachkräftemangel

Eine alternde Belegschaft zu managen ist eine große Herausforderung für deutsche Unternehmen. Lediglich 26 % der Befragten, der Studie „HR Landscapes – Defining the Future Path of Talent Management 2006" der Managementberatung Hewlett Associates, bewerten die demographische Mitarbeiterstruktur als wichtigen Faktor für den Gesamterfolg des Unternehmens. Knapp 70 % der Betriebe gehen davon aus, dass jüngere Mitarbeiter in Zukunft stärker gefragt sind und frei werdende Positionen im Management besetzen.[1] „Über die Hälfte der befragten Unternehmen überarbeitete in der Vergangenheit ihre HR-Strategie. Nur wenige haben jedoch entscheidende Maßnahmen getroffen und ein strukturiertes und integriertes Talent Management-Programm eingeführt, um dem Wandel erfolgreich zu begegnen"[2], so Piotr Bednarczuk, Geschäftsführer der Hewitt Associates GmbH in Deutschland.

Ende der neunziger Jahre machte ein markanter Ausspruch die Runde, der die Arbeitsmarktlage dieser Zeit verdeutlicht. Die Rede ist vom „War for Talents". Es wird prognostiziert, dass es künftig deutlich schwieriger wird, qualifizierte Arbeitskräfte zu finden. Darüber hinaus ist es für Unternehmen entscheidend, diese Mitarbeiter auch zu binden. Doch was ist eigentlich schädlich an der Fluktuation? Liefert eine regelmäßige Durchmischung der Belegschaft nicht erst einen frischen Wind, der neue Ideen ermöglicht? Und ist es nicht ebenfalls ein sinnvolles

---

[1] Vgl. Hewlett Associates (2008).

[2] Hewlett Associates (2008).

Instrument, um weniger motivierte Mitarbeiter von selbst zu verlieren? Fluktuation hat zweifellos auch eine vorteilhafte Seite.[3] „Der Umstand an sich ist nicht wirklich problematisch. Strategisch bedeutsam wird er dann, wenn die Fluktuation erhebliche Transaktions- und Opportunitätskosten produziert und den Verlust von (Spezial-) Wissen verursacht"[4], stellt Matthias Meifert, Mitglied der Geschäftsleitung der Managementberatung Kienbaum, dar.

Der Kampf um die besten Talente ist somit in vollem Gang. Bis vor kurzem konnten Arbeitgeber auf dem deutschen Bewerbermarkt beinahe nach Belieben aussuchen. Wobei hoch qualifizierte Mitarbeiter in ausgewählten Berufsgruppen, wie z.B. Ingenieure, schon immer eine Ausnahme bildeten. Kostendruck und eine angespannte Arbeitsmarktlage waren die entscheidenden Faktoren. Doch das Bild hat sich grundlegend geändert.[5] Die anhaltende gute Konjunktur hat nicht nur die Nachfrage nach Produkten und Dienstleistungen steigen lassen, sondern ebenso die nach talentierten Mitarbeitern. „Besonders bei qualifizierten Fachkräften übersteigt die Nachfrage das Angebot wieder deutlich", so schildert das Beratungsunternehmen Towers Perrin in der Global Workforce Study 2007-2008 die aktuelle wirtschaftliche Lage und ergänzt: „Das Gewinnen neuer Mitarbeiter mit erfolgskritischen Qualifikationen steht somit wieder im Fokus der meisten Personalverantwortlichen. Unternehmen müssen sich nun umso konsequenter als attraktiver Arbeitgeber (‚Employer of Choice') positionieren."[6]

Nach einer Studie der Deutschen Industrie- und Handelskammer fehlten der deutschen Wirtschaft bereits im Jahr 2007 rund 400.000 Fachkräfte. Eine Haufe-Studie zum Mangel an qualifizierten Mitarbeitern im Mittelstand unterstützt den Trend und kommt zu dem Ergebnis, dass 70 % der befragten Betriebe unter einem Fachkräftemangel leiden. Gleichzeitig melden die Maschinenbau- sowie die Metall- und Elektroindustrie, dass sie allein im Januar 2008 schon zehntausende neue Stellen geschaffen haben.[7] „Doch was die Branche der Personalberater erfreut, ist für viele Firmen bedrohlich: Fachkräfte bleiben Mangelware. Wo sie abgeworben werden, entstehen große Lücken im Personal. Das betriebsinterne Know-how geht mit der Innovationskraft der Fachkräfte an ein anderes Unternehmen verloren"[8], beschreibt

---

[3] Vgl. Meifert (2008) S. 16.

[4] Meifert (2008) S. 16.

[5] Vgl. Towers Perrin (2007) S. 7.

[6] Towers Perrin (2007) S. 7.

[7] Vgl. Enderle (2008) S. 14.

[8] Enderle (2008) S. 14.

Kristina Enderle, freischaffende Journalistin, die Situation in einem aktuellen Artikel im Personalmagazin. Werner Pepels, Professor für Marketing an der Fachhochschule Gelsenkirchen/Bocholt, ergänzt: „Denn der Mitarbeiter nimmt alle Informationen, soweit diese nicht anderweitig dokumentiert sind, mit und hinterlässt damit eine Informationslücke, die erst wieder mehr oder minder aufwändig auszubügeln ist."[9]

Ein Problem ergibt sich ebenso bei der Bevorzugung von jüngeren Arbeitnehmern bei Neueinstellungen in Betrieben. Aktuelle Zahlen des Instituts für Arbeitsmarkt- und Berufsforschung zufolge, beschäftigen rund 60 % aller Betriebe keine Mitarbeiter, die älter als 50 Jahre sind. Doch die Jugendfixierung wird zu einem gefährlichen Problem. Zählten 1950 doppelt so viele unter 20-Jährige wie über 60-Jährige zur Bevölkerung, wird es spätestens 2050 genau umgekehrt sein. Die Alterspyramide steht Kopf, und dem Sozialstaat Deutschland brechen die Beitragszahler weg. Überfordert scheint laut Winfried Gertz, von Beruf freier Journalist, in gleicher Weise die Wirtschaft zu sein. Schließlich trennen sich immer viele Firmen von ihren älteren Beschäftigten und vergeuden so überlebensnotwendiges Potenzial.[10]

Unternehmen müssen sich mehr denn je anstrengen, qualifizierte Fach- und Führungskräfte zu finden, denn „[…] eine Steigerung des Human Capitals führt mit hoher Wahrscheinlichkeit zu einer gesteigerten Wertschöpfung im Unternehmen"[11], beschreibt Uwe Schirmer, Studiengangsleiter für Handel und Dienstleistungsmanagement an der Berufsakademie Lörrach. Schon lange reicht es nicht mehr aus, bei Bedarf an neuen Mitarbeitern Stellenanzeigen zu schalten. Damit wandelt sich die Aufgabe und Verantwortung von Personalmanagern: „Personalabteilungen, die früher eher Verwaltungsorganisationen im letzten Gebäudeteil glichen, werden in Zukunft einen gewaltigen Bedeutungsaufschwung erleben", sagt Horx, Trendforscher und Inhaber des Zukunftsinstituts in Kelkheim bei Frankfurt und fügt hinzu: „Personalpolitik wird zur zentralen Management-Aufgabe, und die HR-Abteilungen sind die besten Freunde von Vorständen."[12]

---

[9] Pepels (2002) S. 130.

[10] Vgl. Gertz (2004) S. 13.

[11] Schirmer (2007) S. 57.

[12] Gloger (2001) S. 91.

1.2. Wandel zur Wissensgesellschaft und Veränderungen der Arbeitsbedingungen

Der Wandel hin zur Wissensgesellschaft erfordert einen höheren Bedarf an qualifizierten und kreativen Mitarbeitern, da sich Innovationsfähigkeit in den westlichen Industrieländern zum entscheidenden Faktor für die Wettbewerbsfähigkeit von Betrieben entwickelt hat. Daraus folgt ein besonderer Bedarf an innovationsfähigem und kreativem Personal. Mitarbeiter handeln dabei laut Gerhard Maier, Geschäftsführender Gesellschafter der Unternehmensberatung Peopledynamix, als „Selbst GmbH"[13] gegenüber Firmen: „Das Selbstverständnis von Mitarbeitern ändert sich, Mitarbeiter betrachten sich verstärkt als eigenständige Kompetenz-Center und Unternehmer in eigener Sache"[14], die ihre Kenntnisse und Erfahrungen in unterschiedlicher Form interessierten Unternehmen zur Verfügung stellen, bspw. als Festangestellte, Interimskräfte, Freelancer oder Dienstleister.[15]

Außerdem ist die Frage nach der lebenslangen Beschäftigungsfähigkeit bei qualifizierten Kräften bedeutsam. Der Verfall des aktuellen Wissens schreitet voran es ist schlecht einzuschätzen, welches Wissen in Zukunft relevant sein wird.[16] Darum ist sich Michael Krohn, Wissenschaftlicher Mitarbeiter am Lehrstuhl für Internationales Management an der Universität Frankfurt an der Oder, sicher: „Mit dem steigenden globalen Informationsangebot und einer erhöhten Umweltkomplexität nimmt auch das Nichtwissen zu."[17]

Ebenso zeichnen sich Veränderungen in den deutschen Arbeitsbedingungen ab. Im Büroalltag der vergangenen Zeiten wird laut Winfried Gertz „[…] mit Kolleginnen geschäkert, Gespräche drehen sich ums Kaffeekochen, die Urlaubsplanung oder um das Geschenk zu Ehren des Jubilars. In diese ‚heile' Welt des Angestellten platzen nun die Jungdynamiker herein, stellen bewährte Abläufe auf den Kopf und reden vom papierlosen Büro oder der digitalen Personalakte."[18] Zudem besteht der Berufsalltag heutzutage aus Meetings mit Powerpoint-Präsentationen. Das endet laut Winfried Gertz in Frust und innerer Kündigung: „Ehe es ihnen

---

[13] Maier (2003) S. 275.

[14] Maier (2003) S. 275.

[15] Vgl. Maier (2003) S. 275-276.

[16] Vgl. Krohn (2007) S. 197-199.

[17] Krohn (2007) S. 199.

[18] Gertz (2004) S. 36.

zu bunt wird, haben sich die High Potentials längst aus dem Staub gemacht und ein alternatives Betätigungsfeld gefunden."[19]

Folglich wird Ingenieuren, Betriebswirten und Informatikern frühzeitig eingeimpft, welche Vorteile mit der Flexibilisierung der Arbeitswelt verknüpft sind. Die feste Arbeitsstelle, bei der sich die Mitarbeiter werktags von neun bis fünf am Arbeitsplatz befanden, ist schon bald die Ausnahme. In Zukunft wird die Projektarbeit mit einer freien Zeiteinteilung an Bedeutung gewinnen.[20]

1.3.   Veränderungen in der Mitarbeiter-Unternehmensbeziehung

„Wir müssen uns an den Gedanken gewöhnen, dass Unternehmen weit mehr von ihren besten Mitarbeitern abhängen als die guten Leute vom Unternehmen"[21], so beschreibt der Management-Denker Peter F. Drucker die aktuelle Situation in der Mitarbeiter-Unternehmens-Beziehung. Mit dieser Aussage spricht er ein brandaktuelles Thema an. Analog erleben laut Gerhard Maier die internen Welten von Betrieben einen permanenten Wandel, wobei sich das Verhältnis zwischen Unternehmen und Mitarbeitern seit einiger Zeit verändert hat. So werden Mitarbeiter nicht mehr nur als bloßer Kostenfaktor gesehen, sondern immer mehr als Investitions- und Wertschöpfungsfaktor im Firmen betrachtet. Damit bilden sie einen zentralen Schlüsselfaktor für den Erfolg eines Betriebes.[22]

„Die Zeiten, in denen selbst hoch qualifizierte Fach- und Führungskräfte um ihren Job bangten, [...] sind vorbei"[23], wie die Ergebnisse der Studie „Attraktive Arbeitgeber in Zentral- und Osteuropa" von der Managementberatung Hewitt Associates zeigen. Darin hegen nur 8 % der leistungsstarken Mitarbeiter Zweifel, in kurzer Zeit bei einem anderen Arbeitgeber einen neuen Job zu finden. Fast jeder Zweite der Befragten (47 %) hingegen ist der Überzeugung, innerhalb nur weniger Wochen bei einem anderen Betrieb unterzukommen.[24] „Früher konnten

---

[19] Gertz (2004) S. 36.

[20] Vgl. Gertz (2004) S. 37.

[21] Maier (2003) S. 275.

[22] Vgl. Maier (2003) S. 275.

[23] Perspektive Mittelstand (2008).

[24] Vgl. Perspektive Mittelstand (2008).

Manager froh sein, wenn sie irgendwo Arbeit fanden. Heute kann ein Unternehmen froh sein wenn es für seine Aufgaben Mitarbeiter findet"[25], erklärt Ulrich Schumacher, Vorstandsvorsitzender von Infineon, die neue Situation auf dem Arbeitsmarkt. Wer heute entlassen wird, der fängt einfach bei einem anderen Arbeitgeber an ohne lange arbeitslos zu sein. Thomas Aleweld, Leiter HR-Consulting bei Hewitt Associates in Deutschland bringt es auf den Punkt: „Nur die besten Arbeitgeber werden in Zukunft auch die besten Mitarbeiter für sich gewinnen und diese über einen längeren Zeitraum an sich binden können."[26] Im Rahmen der Studie von Hewitt wurden insgesamt 90.000 Arbeitnehmer, davon 1.800 Top-Manager aus 504 Unternehmen und zehn verschiedenen Ländern – darunter auch Deutschland – befragt.

Aus dieser Veränderung zwischen der Mitarbeiter-Unternehmens-Beziehung besteht laut Gerhard Maier für zukunftsorientierte Firmen die Herausforderung darin, ihr erfolgskritisches Humankapital optimal zu betreuen. „Das Kernthema, das vor allem in Zeiten der Dienstleistungsgesellschaft immer mehr über den langfristigen Erfolg von Unternehmen entscheiden wird, ist die mittel- und langfristige Bindung erfolgskritischer Mitarbeiter an das Unternehmen"[27], ist sich Gerhard Maier sicher. In dem Maße, in dem Betriebe die Identifikation mit dem Arbeitgeber und die Bindung ihrer Mitarbeiter stärken, gewährleisten sie den nachhaltigen Erfolg des Unternehmens.[28]

1.4.   Abnahme der Mitarbeiterloyalität

Was verbirgt sich hinter dem Begriff Loyalität? Daniela Lohaus, Professorin an der Hochschule für Technik in Stuttgart, und Wolfgang Habermann, Präsident der Proviadis School of International Management and Technology in Frankfurt am Main, erklären Loyalität als „[…] die professionelle Haltung, formal-vertragliche Verpflichtungen nicht aus Angst vor negativen Konsequenzen, sondern aus Vertragstreue einzuhalten."[29] In diesem Fall schließen Mitarbeiter einen Arbeitsvertrag mit dem Unternehmen und fühlen sich dazu verpflichtet, ihre Arbeitskraft voll zum Nutzen des Betriebes einzubringen und die Unternehmensvorgaben zu

---

[25] Gloger (2001) S. 91.

[26] Perspektive Mittelstand (2008).

[27] Maier (2003) S. 276.

[28] Vgl. Maier (2003) S. 276.

[29] Lohaus/Habermann (2006) S. 50.

vertreten, gleichfalls wenn sie von den eigenen Vorstellungen abweichen. Diese uneinge-schränkte Loyalität würden sich die Firmen gerne wünschen, doch der Alltag zeigt leider das Gegenteil.[30]

Die Loyalität gegenüber einem Arbeitgeber nimmt zunehmend ab. Dafür sind Mitarbeiter heute permanent auf dem Arbeitsmarkt, gleichermaßen ob sie aktuell einen Job haben. Head-hunting auf Internetportalen wie „XING.com", „placement24.com" oder „experteer.de" und ein stets wachsendes Weiterbildungsangebot leisten ihren Beitrag dazu.[31] Zudem ergänzt Ansgar Kinkel, Recruiting-Manager bei A.T.Kearney, einer Unternehmensberatung in Düs-seldorf: „Loyalität und Bindung an einen Arbeitgeber nehmen ab. Deshalb reicht es nicht aus, dem neuen Mitarbeiter am ersten Tag den Schreibtisch zu zeigen und ihn in seine Arbeit zu schicken."[32] So baut sich Unzufriedenheit auf, die zu Kündigungsgedanken führen. „Job-Hopping ist Alltag, und ein unzufriedener Mitarbeiter ist schnell weg"[33], stellt Horx, Trend-forscher und Inhaber des Zukunftsinstituts in Kelkheim bei Frankfurt, die neue Beweglichkeit dar. Auch Christian Scholz, Professor für Personalmanagement an der Universität Saarbrücke, beschreibt das Phänomen klar und deutlich: „Mitarbeiter sehen sich ständig nach Beschäfti-gungsalternativen um, während Unternehmen ihre Mitarbeiter knallhart nach Kostenaspekten selektieren."[34]

Das Arbeitsklima-Barometer 2007 des Marktforschungsinstituts IFAK in Taunusstein ergab, dass fast zwei Drittel (63 %) der Arbeitnehmer sich ihrem Arbeitgeber nur mäßig verbunden fühlen. Gut ein Fünftel (22 %) hat keine Bindung, d.h. der Mitarbeiter hat innerlich bereits gekündigt. Nur ein Siebtel (15 %) bekundet eine hohe Verbundenheit mit dem Arbeitgeber. Das bedeutet hochgerechnet in Zahlen: nur 4,75 Mio. Erwerbstätige in Deutschland sind ihrem Unternehmen stark verbunden. 6,97 Mio. sind ohne Bindung und 19,95 Mio. haben eine mäßige Bindung zu dem Arbeitgeber. Die Studie zeigt deutlich: Mitarbeiter, bei welchen die Bindung nur schwach ausgeprägt ist, legen eine geringere Eigeninitiative und weniger Verantwortungsbewusstsein in ihren Firmen an den Tag als die gebundenen Mitarbeiter.

---

[30] Vgl. Lohaus/Habermann (2006) S. 50 und Pesch (2008).

[31] Vgl. Pesch (2008).

[32] Gloger (2001) S. 93-94.

[33] Gloger (2001) S. 94.

[34] Gertz (2004) S. 30.

Im Hinblick auf die Treue gegenüber dem Arbeitgeber unterscheiden sich laut dem IFAK Arbeitsklima-Barometer „gebundene" und „nicht gebundene" Mitarbeiter. Während von 100 „nicht gebundenen" Mitarbeitern 37 noch im laufenden Jahr kündigen wollen, spielt nur einer von 100 „Gebundenen" mit diesem Gedanken. Für die aktuelle Standortbestimmung in Deutschland wurden in einer Eigenstudie des Marktforschungsinstituts IFAK 1.978 zufällig ausgewählte Erwerbstätige ab 18 Jahre in der Bundesrepublik Deutschland telefonisch befragt. Die Ergebnisse sind laut dem Marktforschungsinstitut IFAK repräsentativ für die Arbeitnehmerschaft in Deutschland.[35]

Mit der Global Workforce Study ermöglicht Towers Perrin, eine der weltweit führenden Managementberatungen, Einblicke in die Mitarbeiterbindung von Unternehmen aus allen wichtigen Industriestaaten der Welt. So wurden für die Studienausgabe 2007 über 86.000 Arbeitnehmer befragt, über 3.000 davon allein in Deutschland. Die Ergebnisse der Studie basieren auf einer Online-Befragung von männlichen und weiblichen Arbeitnehmern aus 18 Industrienationen in Nord- und Südamerika, Zentral- und Osteuropa sowie in Asien.[36] Für die Ergebnisse in dieser Arbeit wurden nur Antworten der deutschen Arbeitnehmer ausgewertet.

Laut Towers Perrin können sich Unternehmen in Deutschland auf ausgesprochen loyale Arbeitskräfte stützen. Trotz der belebten Konjunktur besteht bei 49 % der Mitarbeiter aktuell keine Wechselbereitschaft. Auf dem ersten Blick mag dieses Bild beruhigend wirken, es ist aber für deutsche Betriebe kein Grund, sich zurückzulehnen, denn zugleich erweisen sich 41 % der Mitarbeiter als potenziell wechselwillig, da sie entweder aktiv auf der Suche nach einer neuen Stelle sind oder immerhin ein anderes Angebot in Erwägung ziehen würden.[37]

Engagierte Mitarbeiter haben eine deutlich geringere Wechselabsicht als ihre unengagierten Kollegen. Diese stärker ausgeprägte Bindung schlägt sich wiederum in geringeren Fluktuationskosten nieder. Daher stellt Towers Perrin fest: „Engagierte Mitarbeiter bringen einem Unternehmen nicht nur mehr Geld ein, sie helfen darüber hinaus auch, Kosten zu sparen."[38] Aus dem Arbeitsklima-Barometer 2007 des Marktforschungsinstituts IFAK ist ersichtlich,

---

[35] Vgl. IFAK Institut (2008).

[36] Vgl. Towers Perrin (2007) S. 4-5.

[37] Vgl. Towers Perrin (2007) S. 14.

[38] Towers Perrin (2007) S. 15.

dass die Mitarbeiterloyalität bzw. Verbundenheit zum Unternehmen in Deutschland derzeit tendenziell eher schlecht ist und somit die Wechselabsichten unter den Mitarbeiter höher sind.

Von Treueversprechen und -pflichten gegenüber Firmen ist heute keine Rede mehr. Überspitzt formuliert ergreifen Mitarbeiter bei der erstbesten Gelegenheiten ihre Koffer und setzen ihre Karriere lieber bei der Konkurrenz fort. „Losgelöst von traditionellen Verpflichtungen wird der Job zu Etappe bei der persönlichen Entfaltung. Denn wer seinen Marktwert steigern will, gibt sich flexibel und mobil"[39], so begründet Winfried Gertz die aktuelle Lage in Deutschland. Gleichermaßen sieht Werner Pepels, Professor für Marketing an der Fachhochschule Gelsenkirchen/Bocholt, dieses Problem: „Es ist auch immer die Versuchung zu einem Stellenwechsel vorhanden, von dem man eine Chance auf weitere Steigerung des eigenen Zufriedenheitsgrads spekulativ erwartet."[40]

Oft sind es ganz einfache Gründe, weshalb Mitarbeiter der Verlockung eines Arbeitsplatzwechsels erliegen. Sie suchen nach neuen Herausforderungen, fühlen sich durch Abwerbeversuche geschmeichelt oder durch das Renommee eines potenziellen neuen Arbeitgebers angezogen.[41] Auf absehbare Zeit entwickelt sich in der Arbeitswelt eine neue Generation von Fach- und Führungskräften, die ihre Karriere eigenständig plant und keine moralischen Verpflichtungen gegenüber Unternehmen hegt. „In diesem gesellschaftlichen Wandel zu individueller Selbstverwirklichung und Emanzipation, aber auch zu mehr Erlebnisorientierung und Risikobereitschaft befinden sich nicht nur hoch qualifizierte Fach- und Führungskräfte sondern auch High Potentials und erfahrene Führungskräfte"[42], fügt Winfried Gertz hinzu. Strategien zur Mitarbeiterbindung werden daher wichtige Elemente für den nachhaltigen Unternehmenserfolg.

Wie ersichtlich ist, haben es deutsche Betriebe in der heutigen Zeit nicht einfach, leistungsfähige Mitarbeiter zu gewinnen und diese langfristig zu binden. In den weiteren Kapiteln sollen dazu Wege aufgezeigt werden, um zu den aktuellen Problemstellungen Antworten zu finden.

---

[39] Gertz (2004) S. 31.

[40] Pepels (2002) S. 131.

[41] Vgl. Pepels (2002) S. 134-135.

[42] Gertz (2004) S. 31.

2. Employee Retention Management in Unternehmen

2.1. Ursprung und Einordnung der Mitarbeiterbindung

Die Mitarbeiterbindung als Funktion des Personalmanagements ist bereits in einigen Lehrbüchern unter dem Aspekt der „Erhaltung der Kompetenzen und der Motivation des Personals durch den dauerhaften Verbleib der Mitarbeiter im Unternehmen"[43] thematisiert worden. Eine breitere Auseinandersetzung mit dem Thema Mitarbeiterbindung findet sich seit den 1990er Jahren zumeist in der Praxis, die gegenwärtig auch in der Theorie verstärkt behandelt wird. „Derzeit steht die wissenschaftliche Diskussion um die Ursachen des Verbleibens in einer Organisation und ein allgemein akzeptiertes Modell der Mitarbeiterbindung aber noch am Anfang"[44], ist sich Michael Krohn, Wissenschaftlicher Mitarbeiter am Lehrstuhl für Internationales Management an der Universität Frankfurt an der Oder, sicher. Im Folgenden werden die Ursprünge des Begriffs Mitarbeiterbindung und die Verbundenheit zum Organisationalen Commitment beschrieben. Zusätzlich wird die heutige Einordnung der Mitarbeiterbindung innerhalb des unternehmerischen Personalwesens dargestellt und empirische Ergebnisse zur aktuellen Bedeutung von Mitarbeiterbindung in deutschen Unternehmen erläutert.

2.1.1. Allgemeine Begriffserklärung der Mitarbeiterbindung

Wozu dienen oder brauchen wir eigentlich Bindungen? Astrid Szebel-Habig, Professorin im Fachbereich Betriebswirtschaft und Recht an der Fachhochschule Aschaffenburg, beschreibt in ihrem Buch, dass jeder Mensch im Laufe seines Lebens verschiedene Bindungen eingeht. Sie können eine Überlebens-, Schutz-, Entwicklungs-, Identifikations- oder zukunftsichernde Funktion haben. Bindungen spielen indessen sowohl im Privat-, als auch im Berufsleben eine große Rolle.[45] Beziehungen bilden nach Astrid Szebel-Habig die Grundlage von Bindungen: „Sie sind gekennzeichnet durch das Maß des Vertrauens, das sich in der Kommunikation der Beteiligten niederschlägt und das sich ebenso in der Belastbarkeit zeigt. Eine Beziehung wird

---

[43] Krohn (2007) S. 195.

[44] Krohn (2007) S. 195.

[45] Vgl. Szebel-Habig (2004) S. 11.

zur Bindung, wenn auf Dauer Erwartungen positiv erfüllt werden."[46] Es handelt sich um einen Prozess, der laufend eine gegenseitige Bestätigung der Beteiligten braucht.

Uwe Schirmer, Studiengangsleiter für Handel und Dienstleistungsmanagement an der Berufs- akademie Lörrach, erläutert in seinem Buch „Commitment fördern, Mitarbeiter halten", dass Mitarbeiterbindung seine Wurzeln in dem lateinischen Wort „retentio" hat, was ursprünglich Zurückhaltung bedeutet. Darauf aufbauend spricht die Personalwirtschaft von der „Personal- erhaltung", wobei sich in den letzten Jahren vermehrt den Begriff der Mitarbeiterbindung durchgesetzt hat.[47]

Wie können Wissenschaftler und Praktiker im Personalbereich Mitarbeiterbindung bzw. Retention Management konkret definieren? Daniela Lohaus und Wolfgang Habermann ver- stehen unter diesem Begriff, dass „[…] die Gesamtheit der wahrgenommen Vorteile des Verbleibs im Unternehmen die des Wechsels zu einem anderen Arbeitgeber übersteigt."[48] Ähnlich beschreiben Markus Gmür und Rüdiger Klimecki, Professoren für Verwaltungswis- senschaft an der Universität Konstanz, den Begriff Personalbindung als „ […] alle Maßnah- men, die geeignet erscheinen, die Verweildauer arbeitgebergewünschter Mitarbeiter im Un- ternehmen zu verlängern und zu intensivieren."[49] Dadurch können die Begriffe „Mitarbeiter- bindung" und „Personalbindung" als identisch angesehen werden.

Darüber hinaus definiert die Deutsche Gesellschaft für Personalführung (DGFP) Mitarbeiter- bindung als einen Prozess, qualifizierte Mitarbeiter durch die Gestaltung von verschiedenen Anreizen zu gewinnen und zu halten. Betriebe müssen bindungsunterstützende Maßnahmen ergreifen, um die Wahrscheinlichkeit des Verbleibs gewünschter Arbeitnehmer zu erhöhen und Wissensträger längerfristig für das Erreichen des Unternehmenserfolgs zu verpflichten.[50] In deutschen Firmen ist nicht mehr von einer lebenslangen Bindung der Mitarbeiter auszuge- hen.[51] Um der Abnahme der Mitarbeiterloyalität entgegenzuwirken, versuchen Unternehmen

---

[46] Szebel-Habig (2004) S. 34.

[47] Vgl. Schirmer (2007) S. 49.

[48] Lohaus/Habermann (2006) S. 49.

[49] Gmür/Klimecki (2001) S. 28.

[50] Vgl. Szebel-Habig (2004) S. 33.

[51] Vgl. hierzu die Problemstellungen deutscher Unternehmen in Kap. I.

dem Mitarbeiter ein Gefühl der Verbundenheit zu vermitteln. Dies beschreibt der Begriff Organisationales Commitment im Folgenden näher.

2.1.2. Organisationales Commitment der Mitarbeiter

Eine Bindung zum Unternehmen wie in Abschnitt 1.1 beschrieben beruht auf einer besonderen Einstellung des Mitarbeiters gegenüber dem Betriebe, auf dem so genannten Commitment (laut deutscher Übersetzung: Verpflichtung, Verbindlichkeit, Bindung, Hingabe, Einsatz oder Engagement). Dieses stellt laut Ralf van Dick, Inhaber des Lehrstuhls für Sozialpsychologie an der Universität Frankfurt am Main, das „psychologische Band zwischen Organisation und Mitarbeiter dar."[52] Organisationales Commitment beschreibt somit, inwieweit sich Mitarbeiter einem Unternehmen bzw. einer Organisation zugehörig und verbunden fühlen. Dieser „unausgesprochene Anhang zum formalen Arbeitsvertrag"[53] umfasst die gegenseitigen Erwartungen von Mitarbeiter und Unternehmen: Der Mitarbeiter erhofft Wertschätzung und Transparenz der Arbeitgeberhandlungen und zeigt dafür Arbeitsleistung und Loyalität. Das Unternehmen erwartet das Bleiben, die Leistung und die Loyalität der Mitarbeiter und gestaltet dafür die Arbeitsbedingungen sowie die kulturellen Rahmenbedingungen.[54] Auf diese Punkte wird im Laufe dieser Arbeit näher eingegangen.

Matthias Meifert, Mitglied der Geschäftsleitung der Managementberatung Kienbaum, nimmt in einem aktuellen Artikel im Personalmagazin an, dass „[…] Commitment eine zentrale Determinante zur Erklärung der Verbleibeabsicht darstellt."[55] Demnach setzt sich Organisationales Commitment im Sinne einer inneren Bindung des Mitarbeiters aus verschiedenen Aspekten zusammen, die vom Personalmanagement bei einem professionellen Retention Management beeinflusst werden. Da die Einteilung des Commitment-Begriffs von Matthias Meifert und weitere Autoren für diese Facharbeit weniger bedeutend ist, wird hierauf nicht näher eingegangen.[56] Ziel der Aktivitäten eines Betriebes sollte es sein, besonders das affektive Commitment bzw. die emotionale Verbundenheit des Mitarbeiters zu fördern, da die

---

[52] Dick (2004).

[53] DGFP (2004) S. 13.

[54] Vgl. DGFP (2004) S. 13-14.

[55] Meifert (2008) S. 16.

[56] Für genauere Erläuterungen vgl. hierzu Meifert (2008) S. 16, Nagel (2005) S. 24 und Pepels (2002) S. 132.

Bindungsabsichten durch positive innere Einstellungen der Mitarbeiter gegenüber dem Unternehmen zu einem nachhaltigen Erfolg führen.[57] Der Mitarbeiter zieht seinen derzeitigen Arbeitgeber anderen gegenüber gefühlsmäßig vor und ist deshalb loyal. Dazu zählt Werner Pepels die moralische Verpflichtung, indem sich Mitarbeiter für seine Aufgabe und seinem Betrieb verbunden fühlen, wenn die Werte des Unternehmens zu seinen eigenen passen.[58]

Es wird festgestellt, dass Commitment bei der Übereinstimmung von individuellen und organisatorischen Werten entsteht, wenn die Organisation auf dieser Ebene den Erwartungen des Einzelnen entspricht. Die Forschung zeigt laut der DGFP, dass „[…] nicht allein die Existenz oder nicht einmal die Nutzung einer bestimmten Personalmaßnahme zu dieser Einstellung führt, sondern deren tatsächliche Wahrnehmung."[59] Damit wird deutlich, dass interne Kommunikation über die Unternehmenskultur und über die in einzelnen Personalmanagementprogrammen verwirklichten Werte und Ziele große Bedeutung hat.[60]

Letztendlich existiert eine Bindung langfristig nur mit organisationalem Commitment, das die Einstellung des Mitarbeiters zum Unternehmen beschreibt und sich in Bleiben, Leisten und Loyalität zeigt. „Diese Einstellung lässt sich im Sinne einer Identifikation qua Selbstverpflichtung über einen psychologischen Vertrag abbilden, der eine Austauschbeziehung zwischen Unternehmen und Mitarbeiter auf Zeit […] voraussetzt, der auf Gegenseitigkeit beruht"[61], beschreibt die DGFP Der Charakter dieser Austauschbeziehung wird einerseits durch Veränderungen der Werthaltung und Lebenskonzepte der Mitarbeiter, und andererseits durch Veränderungen des Unternehmens z.B. in seiner Kultur, seinen Personalmanagementprogrammen und seiner Führung beeinflusst.[62]

---

[57] Vgl. Meifert (2008) S. 16.

[58] Vgl. Pepels (2002) S. 133.

[59] DGFP (2004) S. 23.

[60] Vgl. DGFP (2004) S. 23-24.

[61] DGFP (2004) S. 14.

[62] Vgl. DGFP (2004) S. 14-15.

2.1.3. Vor- und nachgelagerte Prozesse im Personalbereich

Organisatorisch ordnet Astrid Szebel-Habig die Mitarbeiterbindung im unternehmensinternen Personalmarketing ein und richtet sich, wie in Abbildung 1 ersichtlich, an bereits vertraglich gebundene Mitarbeiter. Als unternehmensexternes Personalmarketing wird hingegen die Personalbeschaffung eingestuft, womit die Gewinnung der richtigen Mitarbeiter gemeint ist.[63] Gleichermaßen ordnet Michael Krohn, Wissenschaftlicher Mitarbeiter am Lehrstuhl für Internationales Management an der Universität Frankfurt an der Oder, die Personalbindung als eine Art interne Personalbeschaffung dem Personalmarketing zu.[64]

Abbildung 1: Internes und externes Personalmarketing
Quelle: Szebel-Habig (2004) S. 41.

Die Bindung von Mitarbeitern folgt innerhalb des Personalwesens einzelnen wichtigen Schritten: Das Personalmarketing und der Rekrutierungsprozess legen den Grundstein für eine langfristig haltbare Bindung zwischen Unternehmen und Mitarbeiter, wie Abbildung 2 grafisch veranschaulicht. „Qualitative Mängel in Marketing-, Vorauswahl- und Bewerbungsprozessen führen mit hoher Wahrscheinlichkeit zu unterschiedlichen Erwartungshaltungen auf Unternehmens- und Mitarbeiterseite. Eine nachträgliche Interessensvermittlung gelingt entweder nicht oder nur mit ineffizientem Zusatzaufwand", erklärt Gerhard Maier, Geschäftsführender Gesellschafter der Unternehmensberatung Peopledynamix, und fügt hinzu: „Für den ersten Eindruck gibt es keine zweite Chance."[65] Die ersten Stunden, Tage und Wochen eines neuen Mitarbeiters im Betrieb entscheiden über das Bindungsfundament.

---

[63] Vgl. Szebel-Habig (2004) S. 41.

[64] Vgl. Krohn (2007) S. 196.

[65] Maier (2003) S. 277.

Personal-planung | Personal-marketing | Mitarbeiter-gewinnung | Mitarbeiter-integration | Mitarbeiter-bindung | Exit Prozess

▸ Personalplanung	▸ Recruitingstrategie	▸ Bewerbungs-Screening	▸ Onboarding-Prozess	▸ Tätigkeitsinhalte	▸ Austrittsanalyse
▸ Stellenbescheibung	▸ Recruitingkanäle	▸ Interviews	▸ "Cultural Matching"	▸ Personalsysteme	▸ Outplacement-Beratung
▸ Mitarbeiterprofil	▸ Aussenauftritt	▸ Assessment	▸ Skill Assessment	- Gesamtvergütung	▸ Ableitung von
▸ Budgetierung Stelle	▸ Kostencontrolling	▸ ...	▸ Karriereentwicklung	- Performance Man.	Konsequenzen
▸ Vertragsmodalitäten	▸ ...		▸ ...	- Personalentwicklung	für Unternehmens-
▸ ...				▸ Arbeitsumfeld:	/Personalsysteme
				- Unternehmens- &	▸ ...
				Führungskultur	
				- Strukturen &	
				Prozesse	
				- Information &	
				Kommunikation	
				- Wissensmanagement	
				- Räumlichkeiten	
				- Arbeitsmittel	
				▸ Work/Life-Balance	
				- Interessen-Matching	
				- Arbeitszeit	
				▸ ...	

Abbildung 2: Mitarbeiterlebenslinie

Quelle: Maier (2007) S. 5.

Versäumnisse in dieser sensiblen Integrationszeit schlagen sich schnell in Form von vorzeitigen und damit besonders kostenintensiven Mitarbeiterabgängen nieder. Genauso muss auf der anderen Seite auch der Exit-Prozess eines Mitarbeiters begleitet werden. Wie Mitarbeiter beim Verlassen des Unternehmens behandelt werden, übt eine sehr wichtige Signalwirkung für die verbleibenden Mitarbeiter aus.[66]

Auf eine andere Art platziert die Managementberatung Kienbaum in der Abbildung 3 die Personalbindung zwischen der Personalentwicklung (PE) und der -freisetzung, mit übergreifenden Teilen in beiden Bereichen.[67]

---

[66] Vgl. Maier (2003) S. 277-278.

[67] Vgl. Kienbaum (2001) S. 3.

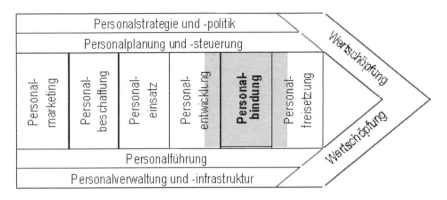

Abbildung 3: Einordnung der Personalbindung in die Personalwirtschaft
Quelle: Kienbaum (2001) S. 3.

Die erwähnten Autoren zeigen leider keine eindeutige Einordnung der Personalbindung innerhalb des Personalmanagements. In der Praxis jedoch wird die Mitarbeiterbindung oftmals dem Personalmarketing oder der PE zugeordnet und ist nur selten ein eigener Bereich im Personalmanagement eines Unternehmens. Für Peter Speck und Andreas Ryba, beide Personalleiter bei der Festo AG & Co. KG in Esslingen, ist die Personalbindung ein dynamischer Prozess und lässt sich nicht durch eine einmalig durchgeführte Maßnahme erreichen. „Vielmehr kommt es darauf an, den Mitarbeiter in den unterschiedlichen Phasen seines Berufslebens mit geeigneten Instrumenten und Angeboten an das Unternehmen zu binden."[68] Hierbei ist es notwendig, die individuellen Wünsche der Mitarbeiter zu berücksichtigen und möglichst mit der Zielsetzung des Betriebes in Einklang zu bringen. Schließlich entsteht das Gesamtgebilde Personalbindung im Zusammenwirken verschiedener Instrumente und Themen innerhalb eines dynamischen Prozesses, wie es die Abbildungen 2 und 3 veranschaulichen. Die Instrumente, die eingesetzt werden können, werden in Kapitel III in den „Handlungsfeldern der Mitarbeiterbindung" näher erläutert.

---

[68] Speck/Ryba (2004) S. 385.

2.1.4. Empirische Ergebnisse zur Bedeutung von Mitarbeiterbindung

„Qualifizierte Mitarbeiter und ihre Bindung an das Unternehmen sind wesentliche Faktoren für den Unternehmenserfolg. Wer die richtigen Mitarbeiter gewonnen hat, der möchte sie auch behalten"[69], erklärt Towers Perrin in der Global Workforce Study 2007-2008. Angesichts des Konjunkturaufschwungs gilt dies heute wieder ganz besonders. Personalverantwortliche müssen sich in Zukunft bemühen, ihre besten Mitarbeiter langfristig an die Firma zu binden. Jedoch verwenden über 50 % der Unternehmen deutlich mehr Zeit für die Rekrutierung neuer Mitarbeiter als für die Bindung ihrer Top-Leistungsträger. Hingegen haben 59 % große Schwierigkeiten bei der Neubesetzung ihrer Schlüsselfunktionen und 92 % erwarten dieses Problem in naher Zukunft. Dies ist ein Ergebnis der Studie „HR Landscapes – Defining the Future Path of Talent Management 2006", durchgeführt von der Managementberatung Hewitt Associates. „Top-Leistungsträger bestimmen das Wachstum und die Marktleistung eines Unternehmens erheblich. Der Verlust eines Mitarbeiters oder die Besetzung einer Stelle mit der falschen Person behindern die Strategieumsetzung und den Unternehmenserfolg massiv"[70], sagt Piotr Bednarczuk, Geschäftsführer der Hewitt Associates GmbH in Deutschland. Aus diesem Grund sollten Betriebe höchste Aufmerksamkeit für die langfristige Bindung ihrer Top-Kräfte aufbringen.[71]

Im Rahmen der Studie von Hewitt wurden knapp 140 Großkonzerne weltweit befragt. Über die Hälfte davon beschäftigen über 10.000 Mitarbeiter. Nur 25 % der befragten Unternehmen gaben an, eine langfristige und vorausschauende Mitarbeiterplanung zu haben. Über 85 % der Unternehmen verfügen über kein individuelles Personalmanagement, d.h., sie haben ihre HR-Programme nicht auf die spezifischen Bedürfnisse der verschiedenen Mitarbeitergruppen, wie z.B. Top-Talente oder Führungskräfte, abgestimmt. Nur 30 % nutzen die Informationen über ihre Mitarbeiter und Führungskräfte, wie bspw. erbrachte Leistungen oder Potenzial, zur Gestaltung eines internen Talent Managements.[72]

---

[69] Towers Perrin (2007) S. 14-15.

[70] Hewitt Associates (2008).

[71] Vgl. Hewitt Associates (2008).

[72] Vgl. Hewitt Associates (2008).

Welche Bedeutung das Retention Management speziell in Deutschland hat, zeigt die Retention-Studie 2001 von der Managementberatung Kienbaum. Hierbei beteiligten sich Personalleiter von 67 umsatzstarken Firmen in Deutschland. Speziell für die zukünftige Entwicklung ihrer Unternehmen bekommt die Mitarbeiterbindung eine sehr hohe Bedeutung zugewiesen (56,7 % eher hohe Bedeutung und 37,3 % eine große Bedeutung). Erschreckend fiel das Ergebnis bei der Befragung nach einem Budget für die Mitarbeiterbindung in den Unternehmen aus. Laut der Managementberatung Kienbaum verfügen 79,1 % über kein Budget für Retention-Maßnahmen. Bei nur 11,9 % ist ein Budget vorhanden und 9 % haben vor, Geld für die Mitarbeiterbindung bereitzustellen.[73]

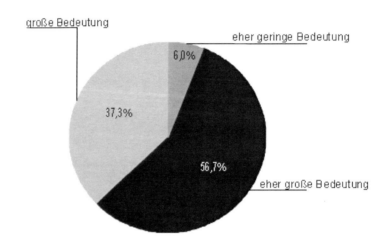

Abbildung 4: Bedeutung des Retention Managements für Unternehmen
Quelle: Kienbaum (2001) S. 7.

Abbildung 4 zeigt, dass trotz der erkannten hohen Bedeutung von Retention Management fast 80 % der Unternehmungen kein konkretes Budget für Mitarbeiterbindungsmaßnahmen einplanen. Dagegen verfügt etwa jede zweite Firma über spezielle Mitarbeiterbindungsprogramme, wobei Programme, für einzelne Mitarbeitergruppen stärker verbreitet sind als Flächenprogramme. In etwa einem Drittel der Unternehmungen sind Retention-Programme weder vorhanden noch vorgesehen. Obwohl 50 % der Firmen angeben, ein Programm für die Mitarbeiterbindung zu haben, stellt die große Mehrheit hierfür kein Budget zur Verfügung. Dies

---

[73] Vgl. Kienbaum (2001) S. 6-8.

könnte bedeuten, dass Retention-Programme entweder aus anderen Budgets gezahlt werden oder kostenneutral realisiert werden können.[74]

Wie sieht es in der Praxis mit der Verbundenheit der Mitarbeiter zu Unternehmen aus? Seit dem Jahre 2001 misst die forschungsbasierte Unternehmensberatung Gallup mit dem Engagement-Index regelmäßig die Stärke der emotionalen Bindung von Arbeitnehmern in Deutschland. Basierend auf dem Ausmaß der Zustimmung zu den Aussagen werden die für die Befragung zufällig ausgewählten Arbeitnehmer ab 18 Jahre den Kategorien „keine emotionale Bindung", „geringe emotionale Bindung" und „hohe emotionale Bindung" zugeordnet. Abbildung 5 verdeutlicht, dass 88 % der Arbeitnehmer in Deutschland im Jahr 2007 keine echte Verpflichtung gegenüber ihrer Arbeit verspüren. 68 % aller Beschäftigten machen lediglich Dienst nach Vorschrift, 20 % haben die innere Kündigung bereits vollzogen. Damit bleibt der Anteil der Beschäftigten, bei denen sich nur eine geringe oder keine emotionale Bindung im Job ausmachen lässt, auf hohem Niveau (2006: 87% - 2005: 87 % - 2004: 87 % - 2003: 88 % - 2002: 85 %).[75]

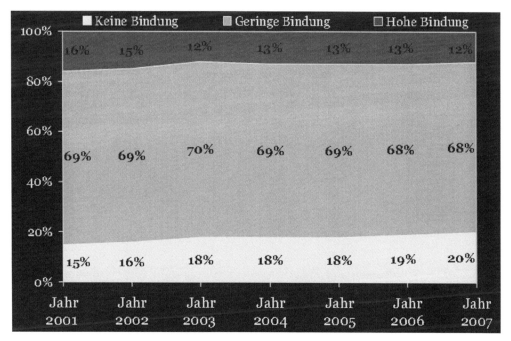

Abbildung 5: Engagement Index Deutschlands im Zeitverlauf
Quelle: Gallup GmbH (2007a) S. 6.

---

[74] Vgl. Kienbaum (2001) S. 8-9.

[75] Vgl. Gallup (2007) S. 1.

Die Wahrscheinlichkeit, dass Mitarbeiter, die keine emotionale Bindung aufweisen, ihr Unternehmen binnen eines Jahres verlassen, ist sehr viel höher als bei Personen mit einer hohen emotionalen Bindung. „Der Aussage: ,Ich beabsichtige, heute in einem Jahr noch bei meiner derzeitigen Firma zu sein' stimmen nur fünf von zehn Mitarbeitern (51 %) ohne emotionale Bindung vollständig zu, gegenüber gut neun von zehn mit einer hohen emotionalen Bindung (93 %)"[76], erklärt die Unternehmensberatung Gallup. Das bedeutet, dass Unternehmensverbundenheit einen großen Einfluss auf die Motivation von Mitarbeitern hat. Maßnahmen zu Mitarbeiterbindung sind somit von großer Bedeutung. Wie Firmen bei der Planung von Retention Managements vorgehen sollten, zeigen die Abschnitte 2 und 3 dieses Kapitels.

2.2.   Strategisches Retention Management

Erfolgreiche Bindungsaktivitäten setzen laut Gerhard Maier eines voraus: „Eine systematische Vorgehensweise. Spontane Aktionen, die nach dem Gießkannenprinzip verfahren und auf eine nähere Festlegung der Mitarbeiter-Zielgruppe verzichten, verpuffen meist ergebnislos."[77] Die folgenden Kapitel stellen eine Struktur eines Retention Management-Konzepts vor, mit dem Unternehmen systematisch bei der Bindung von Mitarbeitern vorgehen können. Unterschieden wird in diesem Vorgehen innerhalb strategischen und operativen Schritten. Zunächst werden die betriebswirtschaftliche Unternehmenssteuerung und die Verankerung der Mitarbeiterbindung in der Unternehmensstrategie, die zu den zählen wichtigsten strategischen Schritten eines Retention Management-Konzepts zählen, aufgezeigt.

2.2.1. Betriebswirtschaftliche Unternehmenssteuerung

Im Unternehmenskontext stellt das Personal häufig den größten Kostenfaktor dar, Ausgaben für Mitarbeiter stehen immer kritischer zur Disposition. Investitionen in Mitarbeiter werden daher meist nur dann getätigt, wenn sie sofort notwendig sind. Oder es besteht die Wahrscheinlichkeit, dass der Mitarbeiter langfristig für die Unternehmen erfolgreich ist.[78]

---

[76] Gallup (2007) S. 3.

[77] Maier (2003) S. 279.

[78] Vgl. Maier (2003) S. 276.

Den Rekrutierungskosten für Mitarbeiter stehen Ausgaben beim Verlust von Mitarbeitern gegenüber. So schlägt laut Gerhard Maier „[…] die Gewinnung einer verlorenen Spitzenkraft schnell mit dem Doppelten ihrer reinen Gehalts- und Gehaltsnebenkosten zu Buche."[79] Nicht zuletzt können umfangreiche Fluktuationskosten, die durch Anwerbungs-, Auswahl- und Einstellungs-, Umzugs- und Einarbeitungskosten sowie Kosten für Minderleistungen während der Phase der inneren Kündigung, entstehen. Dem gegenüber stehen die Kosten der Erhaltungsaktivitäten. Zu beachten ist in diesem Zusammenhang, dass durch schwer bezifferbare Aspekte, wie z.B. Know-how-Sicherung im Betrieb, Verbesserung des Unternehmensimages und positive Kundenkontakte durch gleich bleibende Ansprechpartner im Unternehmen, es immer schwierig ist, hier Kosten und Nutzen abzuwägen.[80]

Darüber hinaus möchte Werner Pepels, Professor für Marketing an der Fachhochschule Gelsenkirchen/Bocholt, klarstellen, dass sich Mitarbeiterbindung finanziell lohnt: „Jede Neueinstellung hat zweifellos Investitionscharakter, und sie zieht ein erhebliches Personalkosten- und -nebenkostenvolumen nach sich, das leicht über 50.000 € erreichen kann."[81] Es werden hohe Mittel in die professionelle Personalakquisition investiert, die umso rentabler angelegt sind, je länger die Verweildauer des eingestellten Mitarbeiters im Unternehmen ist. Besonders hier könnten Retention-Programme ansetzen, um die Investitionskosten bei der Rekrutierung sinnvoll erscheinen zu lassen. Aus Sicht der Unternehmensleitung führt dies zur Notwendigkeit, den Return-on-Investment für Mitarbeiterinvestitionen so exakt wie möglich zu ermitteln.[82] Dadurch wird die Entscheidung für geeignete Mitarbeiterbindungsmaßnahmen gestärkt, denn welches Unternehmen will einen Mitarbeiter, in den es viel investiert hat, in kurzer Zeit wieder verlieren?

Um Retention-Maßnahmen umsetzen zu können, ist es notwendig diese in der Unternehmensstrategie zu verankern. Zudem müssen sie in die kulturellen Werte des Betriebs aufgenommen und kommuniziert werden. Auf die Unternehmenskultur und die interne Kommunikation wird in Kapitel III im Rahmen der „Inhalte und Wege der Mitarbeiterbindung" eingegangen. Im Folgenden soll gezielt auf die Verankerung in der Unternehmensstrategie hingewiesen werden.

---

[79] Maier (2003) S. 277.

[80] Vgl. Schirmer (2007) S. 57.

[81] Pepels (2002) S. 130.

[82] Vgl. Pepels (2002) S. 130.

2.2.2. Verankerung in der Unternehmensstrategie

„Retentionmanagement umfasst alle zielgerichteten und systematischen Maßnahmen, die darauf ausgerichtet sind, die für das Unternehmen strategisch wichtigen Mitarbeiter an das Unternehmen zu binden und deren Leistung und Loyalität zu fördern"[83], so beschreibt die DGFP ein Management für die Mitarbeiterbindung. Hierbei ist die Unternehmensstrategie der Ausgangspunkt der Umsetzung von Personalbindung, weil strategische Unternehmensziele nur mit gebundenen, qualifizierten und leistungsbereiten Personal erreichbar sind.[84] Hansjörg Weitbrecht, Professor der Soziologie an der Universität Heidelberg, sieht die Unternehmensstrategie als den übergeordneten Orientierungspunkt für alle Überlegungen zum Retention Management: „Sie gibt vor, welche Ziele mittelfristig erreicht werden sollen und skizziert die Erfolgsfaktoren, die zur Erreichung der strategischen Ziele relevant sind."[85]

In der Kienbaum Retention-Studie von 2001 wird die Mitarbeiterbindung innerhalb der Unternehmensstrategie näher durchleuchtet. In diesem Zusammenhang stellt sich die Frage, ob das Ziel der Bindung von Mitarbeitern in den Unternehmungen auf strategischer Ebene schriftlich festgehalten ist. Laut der Studie ist dies nur bei einer Minderheit von 22 % der Unternehmungen der Fall. Auch in dem Unternehmensleitbild und im Führungsleitbild trifft dies bei nur 25 % bzw. 36 % der Befragten zu. Hingegen haben 2/3 der befragten Unternehmungen die Mitarbeiterbindung in ihrer Personalstrategie niedergelegt. Die Managementberatung Kienbaum folgert daraus: „Geht man davon aus, dass die Personalstrategie aus der Unternehmensstrategie abgeleitet wird, so wird gerade dem Retention Management auch für die Erreichung der unternehmerischen Ziele eine entscheidende Bedeutung zugewiesen."[86]

Die Maßnahmen des Retention Managements entstammten in weiten Teilen den üblichen Instrumenten des Personalmanagements. „Langfristig kann man Mitarbeiter nur dann verankern, wenn die Unternehmenskultur die einzelnen Retention-Maßnahmen absichert"[87], verdeutlicht Hansjörg Weitbrecht. Im Rahmen der strategischen Verankerung des Retention

---

[83] DGFP (2004) S. 16.

[84] Vgl. DGFP (2004) S. 16-17.

[85] Weitbrecht (2005) S. 10.

[86] Kienbaum (2001) S. 12.

[87] Weitbrecht 82005) S. 10.

Managements ist es deshalb notwendig, die Unternehmenskultur als Voraussetzung und Erfolgsfaktor in die strategischen Planungen einzubeziehen.

Neben der Verankerung in der Unternehmensstrategie als Voraussetzung und Erfolgsfaktor in der strategischen Retention-Planung ist es wichtig, das Retention Management in den Programmen des Personalmanagements zu fixieren. In diesem Fall stellt sich eine Firma die Frage, welche Leistungen das Personalmanagement anbieten muss, wenn es ein systematisches Retention Management betreiben will und welche Ressourcen dafür benötigt werden. Auf diese Frage wird im Abschnitt III bei der Behandlung der Unternehmenskultur und -kommunikation nochmals eingegangen. Andererseits ist festzuschreiben, mit welchen Instrumenten bei der Diagnose, Planung und Kontrolle der Retention-Maßnahmen vorzugehen ist.[88] Diese Punkte werden im operativen Bereich des Retention Management-Konzepts erläutert.

2.3. Operatives Retention Management

Der zweite Teil des Retention Management-Konzepts beinhaltet das operative Vorgehen. Es hilft, strategisch relevante Mitarbeiter und Funktionen zu identifizieren, sowie eine Analyse der Fluktuation und Mitarbeiterzufriedenheit durchzuführen. Abschließend wird die Einleitung und die Überprüfung von Bindungsmaßnahmen begleitet.

2.3.1. Analyse wichtiger Funktionen und Personen im Unternehmen

Innerhalb der Analysen eines Mitarbeiterbindungskonzepts geht es im ersten Schritt um die Erkennung erfolgskritischer Funktionen und Positionen eines Unternehmens. Diese Betrachtung ist losgelöst vom jeweiligen Stelleninhaber und bezieht sich nur auf die Bedeutung der Stelle für den Unternehmenserfolg. Die Vorstände und Führungskräfte müssen sich in ihren Meetings fragen, welche Stellen an den zentralen Wertschöpfungsprozessen des Betriebes besonders beteiligt sind und welche Funktionen nachhaltig über den Erfolg des Unternehmens entscheiden.[89] Die DGFP beschreibt eine Position u.a. dann erfolgskritisch, wenn „[...] die Ausführung der mit ihr verbundenen Aufgaben einen erkennbaren und wesentlichen Beitrag

---

[88] Vgl. DGFP (2004) S. 38-39.

[89] Vgl. Meifert (2008) S. 17.

zu den angestrebten Zielen leistet [und] die Erreichung des Zieles durch Wegfall der Position erheblich gefährdet ist [...].“[90]

Nach der Analyse der strategisch wichtigen Positionen im Unternehmen, geht es um die Identifikation des zu bindenden Personals. Wichtig in diesem Fall ist, dass nicht jeder Mitarbeiter in den Genuss des Privilegs einer längerfristigen oder sogar lebenslangen Beschäftigung kommen kann, da die Firmen heute im verschärften Wettbewerb sehr talentierte und kreative Kräfte benötigen und somit eine Auslese treffen müssen. Anhand von Beurteilungskriterien zur derzeitigen und zukünftig notwendigen Mitarbeiterqualität ist eine individuelle Auseinandersetzung mit dem Leistungsvermögen und Potenzial jedes Mitarbeiters im Unternehmen nötig.[91]

Welche Verfahrensvariante dazu auch gewählt wird, im Zentrum steht die Frage, wie erfolgreich der Stelleninhaber seine Funktion ausfüllt.[92] Wie ist der Leistungsgrad und Wertschöpfungsbeitrag eines einzelnen Mitarbeiters zu ermittelt? Hier ist sich Gerhard Maier sicher: „Je besser die Leistung des Mitarbeiters bzw. je höher sein Beitrag zum Unternehmenserfolg, desto größer das Interesse des Unternehmens, den betreffenden Mitarbeiter zu halten.“[93] Für die Mitarbeiterebene bedeutet dies im Idealfall zunächst, dass die Vision und Strategie des Unternehmens in die Vereinbarung individueller Mitarbeiterziele einfließt. Für den einzelnen Mitarbeiter werden qualitative bzw. quantitative Ziele vereinbart. Diese unterstützen gezielt die Wertschöpfung jeder einzelnen Funktion für den Erfolg des Gesamtunternehmens. Im Zeitalter des Wissensmanagements und der zunehmender Anzahl an Dienstleistungen[94] hängt nach Astrid Szebel-Habig „[...] die Qualität des Leistungsangebots eines Unternehmens immer mehr [...] von der Qualität der einzelnen Mitarbeiter [ab].“[95]

Um den qualitativen und quantitativen Mitarbeiterbestand zu analysieren gibt es zentrale Instrumente wie Altersstrukturanalysen, Nachfolgeplanungen sowie Qualifikations-, Leistungs- und Potenzialanalysen der vorhandenen Mitarbeiter. Bei allen Analysen sollte laut

---

[90] DGFP (2004) S. 48.

[91] Vgl. Szebel-Habig (2004) S. 33.

[92] Vgl. Meifert (2008) S. 17.

[93] Meier (2003) S. 280.

[94] Vgl. hierzu Problemstellungen deutscher Unternehmen in Kap. I.

[95] Szebel-Habig (2004) S. 43.

der DGFP auf versteckte, bisher nicht genutzte Kompetenzen geachtet werden: „Es stellt sich somit nicht nur die Frage nach der formalen Qualifikation, sondern auch nach dem Potenzial zur Entwicklung einer Kompetenz oder der Leistungsmöglichkeiten in neuen Arbeitsfeldern."[96] Im Kapitel „Aufstiegs-, Weiterbildungs- und Entwicklungsmöglichkeiten" folgen weitere Details zur Entwicklung von Mitarbeitern, die für Bindungsmaßnahmen in Frage kommen sollen.

Begleitend zur internen Analyse der wichtigsten Mitarbeiter und Positionen im Unternehmen, ist die kurz- und langfristige Arbeitsmarktlage allgemein und qualifikationsspezifisch zu ermitteln. Hierbei handelt es sich um eine fortwährende Beobachtung der Entwicklung auf dem Arbeitsmarkt und um eine regelmäßige, systematische Auswertung der Konsequenzen, die bestimmte Entwicklungstendenzen auf die Personalsituation des Unternehmens haben können. Die Arbeitsmarktanalyse ist ein erfolgreiches Instrument bei der Einschätzung, welche der vorhandenen Leistungsträger und der für die Unternehmensstrategie wichtigen Positionsinhaber durch günstige Arbeitsmarktbedingungen abwanderungsgefährdet und schwer zu ersetzten sind. Diese Erkenntnisse tragen zur Erstellung eines Mitarbeiterbindungskonzepts bei.[97]

2.3.2. Analyse der Fluktuation im Unternehmen

Als nächster Schritt folgt eine Analyse des unternehmensinternen Fluktuationsrisikos. Ziel ist es, herauszufinden, ob und wodurch das Unternehmen die Verbundenheit der identifizierten Mitarbeiter oder Mitarbeitergruppen stärkt.[98] Laut Winfried Gertz, von Beruf freier Journalist, „[...] reicht es heutzutage nicht mehr aus, Motivationsverlust zu beklagen, man muss ihn auch nachweisen."[99] Um gezielt gegensteuern zu können, bietet sich die Fluktuationsanalyse an. Sie stellt fest, an welchen Stellen Personalverantwortliche gezielt eingreifen müssen. Meist erfolgt eine solche Analyse in einer Kombination von einem kurzen Fragebogen sowie einem persönlichen Gespräch mit der Führungskraft. Ferner ist eine analytische Risikobestimmung

---

[96] DGFP (2004) S. 51.

[97] Vgl. DGFP (2004) S. 52.

[98] Vgl. DGFP (2004) S. 54.

[99] Gertz (2004) S. 63.

möglich. In diesem Fall greift das Unternehmen auf Erfahrungswerte, die aus empirischen Studien abgeleitet worden sind, zurück.[100]

Um Kündigungen zu verhindern, sollten zunächst die Ursachen, die Unzufriedenheit bei den Mitarbeitern auslösen, analysiert werden. Nicht jeder Mitarbeiter, der die Kündigung einreicht, muss sich mit seinem Vorgesetzten überworfen haben. Insbesondere bei Personen, deren Qualifikationen auf dem Arbeitsmarkt besonders nachgefragt werden, kann ein attraktives Jobangebot einer anderen Firma Ursache für den Karriereschritt sein. Ferner zählen niedrige Vergütung, fehlende Weiterentwicklungsangebote und unzureichende Wertschätzung zu den häufigsten Kündigungsgründen.[101]

In der Längsschnittstudie an Führungsnachwuchskräften von R. Woschée werden die Erfahrungen mit Fluktuation am Arbeitsplatz näher beschrieben. Sie wurde an Hochschulabsolventen und den tausend größten deutschen Unternehmen zwischen 1991 und 1999 durchgeführt. In der Auswertung geht es schwerpunktmäßig um die Frage, von welchen Bedingungen es abhängt, dass einmal gewonnene Nachwuchskräfte das Unternehmen freiwillig wieder verlassen. Die Studie von Woschée zeigt, dass die Zufriedenheit des Einzelnen wesentlich vom Handlungsspielraum, der Qualifikation und dem ihm entgegengebrachten Respekt abhängt. Zufriedenheit und Commitment wirken sich negativ auf die Kündigungsabsicht aus, wobei diese wesentlich von den Beschäftigungschancen am Arbeitsmarkt abhängig ist. Weniger wahrscheinlich ist die Kündigung bei einer längeren Dauer der Betriebszugehörigkeit.[102]

Bei der konkreten Frage nach den Gründen an diejenigen, die gekündigt hatten, ergaben sich interessante Ergebnisse. Die Studie zeigt, dass der Wunsch nach der eigenen beruflichen Entwicklung, das Verhalten der Vorgesetzten und die mangelnden Aufstiegsmöglichkeiten eine große Rolle spielen. Danach folgen mit einigem Abstand zu geringe Entscheidungsbefugnisse, nicht angemessene Bezahlung, unbefriedigendes Aufgabenfeld und ein schlechtes Arbeitsklima.[103] Gleiches gilt für andere Länder in Europa. In einer Studie von „Monster.de" und „Universum", die 2001 europaweit durchgeführt wurde, stehen wie auch bei R. Woschée

---

[100] Vgl. Meifert (2008) S. 17-18 und Gertz (2004) S. 63.
[101] Vgl. Gertz (2004) S. 63.
[102] Vgl. Rosenstiel (2003) S. 246.
[103] Vgl. Rosenstiel (2003) S. 247.

die geringen Karriereaussichten an erster Stelle, weshalb Mitarbeiter wechseln. Danach folgen ein höheres Gehalt, schlechtes Management und ein schmales Aufgabenspektrum.[104]

Was sind die Ursachen, die Mitarbeiter zur Kündigung bewegen? Lohnt sich für den einzelnen Mitarbeiter der Organisationswechsel? Die Antwort lautet nach Lutz von Rosenstiel, tätig am Lehrstuhl für Organisations- und Wirtschaftspsychologie an der Universität München, eindeutig ja. „Jene, die gekündigt hatten, erzielten dadurch einen deutlich höheren Einkommensgewinn als jene, die geblieben waren."[105] Für das Unternehmen sieht das vermutlich spiegelbildlich entsprechend negativ aus. Sie müssen mehr für die Wiederbesetzung der Stelle zahlen als die Gehaltserhöhung für den Mitarbeiter, der verloren ging. Hinzu kommen die Kosten für Personalsuche, Personalentscheidung und Einarbeitung. „Der höchste Gehaltssprung lässt sich bei denen feststellen, die keine Kündigungsabsicht hatten und dann doch das Unternehmen verließen", sagt Lutz von Rosenstiel und vermutet, dass es daran liegt, dass ihnen „[…] ein finanziell besonderes attraktives Angebot gemacht wurde."[106]

Ferner zeigt das IFAK Arbeitsklima-Barometer ähnliche Erkenntnisse: „Je höher der Grad der Verbundenheit, desto geringer die Fluktuationsneigung, was Einfluss auf den Unternehmenserfolg hat."[107] Nicht nur für die Wiederbesetzung der Stelle entstehen Kosten, sondern es gehen ebenso Ausbildung, Erfahrung und Know-how verloren, was den Verlust von Unternehmenswert bedeutet. Oft wechseln Mitarbeiter zu einem Mitbewerber oder machen sich in der gleichen Branche selbstständig. Sie werden somit zu Konkurrenten, was den Wettbewerb verschärft und Kunden- und weitere Mitarbeiterabwanderung zur Folge hat. Hinzu kommt, dass sich der Weggang von Mitarbeitern durch Demoralisierung der Verbleibenden auf das Betriebsklima auswirkt.[108] Jürgen Theuerzeit, Direktor Human Resources bei dem Medizintechnik-Betrieb Stryker, erläutert: „Wir brauchen zwischen 6 und 24 Monaten, bis neue Mitarbeiter richtig produktiv sind. Wenn wir welche verlieren, geht daher nicht das Kapital verloren, sondern meistens auch die Kontakte zu Kunden."[109]

---

[104] Vgl. Maier (2007) S. 9.

[105] Rosenstiel (2003) S. 248.

[106] Rosenstiel (2003) S. 248.

[107] Nink (2008) S. 26.

[108] Vgl. Nink (2008) S. 26.

[109] o.V. (2008) S. 30.

Das Marktforschungsinstitut IFAK fasst zusammen, dass „[...] je geringer die Bindung an den Arbeitgeber ist, um so eher [...] über einen Arbeitsplatzwechsel nach[gedacht wird].“[110] Der Aussage ‚Ich habe die Absicht, auch in einem Jahr noch für mein derzeitiges Unternehmen zu arbeiten‘ stimmt ein Drittel der ungebundenen Arbeitnehmer und Arbeitnehmerinnen uneingeschränkt zu (31%); bei jenen mit hoher Bindung an ihren Arbeitgeber sind es fast alle (98%).[111]

Wollen Unternehmen ihre Mitarbeiter langfristig binden, sollten sie neben der Fluktuation weitere Indizien für Unzufriedenheit nachgehen, etwa den Krankenstands- und Fehlzeitenquoten.[112] Der Gallup „Engagement Index 2007“ berücksichtigt dies und führt zu dem Ergebnis, dass der Bindungsgrad Einfluss auf den wirtschaftlichen Erfolg eines Unternehmens hat. Inwiefern der Mitarbeiterbindungsgrad einen Wettbewerbsvorteil darstellt, wird in Abbildung 6 bei Betrachtung der beiden extremen Gruppen „Mitarbeiter mit hoher emotionaler Bindung“ und „Mitarbeiter ohne emotionale Bindung“ deutlich. Die Fehltage aufgrund von Krankheit oder Unwohlsein unterscheiden sich bei Mitarbeitern mit „hoher emotionaler Bindung“ und „ohne emotionale Bindung“ um 2,3 Tage.[113]

---

[110] IFAK-Institut (2008).

[111] Vgl. IFAK-Institut (2008).

[112] Vgl. Gertz (2004) S. 63.

[113] Vgl. Gallup (2007) S. 2.

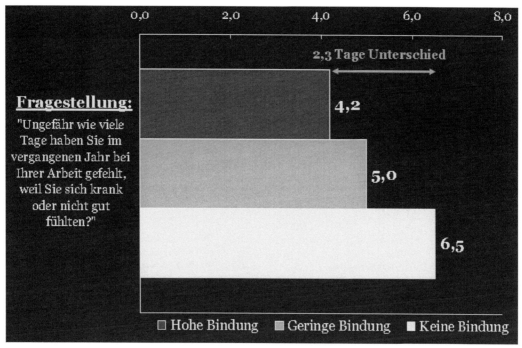

Abbildung 6: Fehltage aufgrund von Krankheit oder Unwohlsein

nach dem Grad der emotionalen Bindung

Quelle: Gallup GmbH (2007a) S. 8.

Auch des Arbeitsklima-Barometers 2007 des Marktforschungsinstituts IFAK zeigt ähnlich deutlich wie die Ergebnisse von der Unternehmensberatung Gallup, dass sich die Mitarbeiterbindung auf die Kosten niederschlägt. Ein Arbeitnehmer, der sich nicht an das Unternehmen gebunden fühlt, fehlt im Schnitt 9,3 Tage pro Jahr. Bei den Mitarbeitern mit hoher Bindung sind es nur 5,9 Tage. Laut der Studie kostet eine geringe Mitarbeiterbindung deutschen Firmen Summen in Milliardenhöhe. Effektive Bindungsmaßnahmen senken die Fluktuation, weniger Fehlzeiten werden registriert und die durchschnittliche Betriebszugehörigkeit steigt.[114]

Somit stellt sich den Unternehmen einerseits die Frage, welche Fluktuation tragbar und wünschenswert ist, um die Ertrags- und Innovationskraft des Betriebes positiv zu stärken, und andererseits, welche Mitarbeiter für einen nachhaltigen Unternehmenserfolg unverzichtbar

---

[114] Vgl. Enderle (2008) S. 14.

31

sind.[115] Der nächste operative Schritt innerhalb des Retention Management Konzepts analysiert die Mitarbeiterzufriedenheit.

2.3.3. Analyse der Mitarbeiterzufriedenheit im Unternehmen

Manche Mitarbeiter lassen sich affektiver bzw. emotionaler an ein Unternehmen binden als andere. Das ist leicht erklärbar, da Motive regeln, wie Menschen die Gegebenheiten ihrer Umwelt wahrnehmen und wie sie darauf reagieren. Wird die Persönlichkeit eines Menschen durch das Anstreben materieller und wettbewerbsbezogener Befriedigung geprägt, dann ist affektives bzw. emotionales Commitment schwieriger zu erreichen. „Es kommt also darauf an, beim systematischen Retention Management die richtigen Aktivitäten zu entfalten [und] zielgruppenspezifisch die richtigen Motive anzusprechen"[116], stellt die DGFP dar. Commitmentrelevante Motivfaktoren können z.B. Persönlichkeitsentfaltung, materielle Sicherheit und Work-Life-Balance sein. Auf der anderen Seite ist es sinnvoll, sich Gedanken um diejenigen Aspekte zu machen, die Menschen demotivieren und die Arbeitsleistung beeinträchtigen. Derartige Motivationsbarrieren beziehen sich auf unbefriedigende Arbeitsinhalte und zwischenmenschlichen Störungen im Verhältnis zu Kollegen oder Vorgesetzten. Ebenso können unklare Entwicklungsperspektiven oder fehlende Anerkennungen den Mitarbeiter demotivieren.[117] [118]

Für Michael Müller-Vorbrüggen, geschäftsführender Direktor des Instituts für Personalführung und Management an der RWTH Aachen, ist die Messung der Mitarbeiterzufriedenheit das wichtigste Diagnose- und Steuerinstrument für das Personalbindungsmanagement. Hiermit wird festgestellt, wie ein Unternehmen sich in der Zukunft ausrichten muss, um in ausreichendem Maß Personal binden zu können.[119] Die Mitarbeiterzufriedenheit kann auf unterschiedlichem Wege gemessen werden. Am leichtesten erfahren Unternehmen die Zufriedenheit ihrer Mitarbeiter aus *Mitarbeitergesprächen*. In diesem Fall führen Vorgesetzte mit ihren Mitarbeitern regelmäßig Gespräche. Diese erfolgen z.B. im Rahmen der Zielvereinbarungs-,

---

[115] Vgl. Maier (2003) S. 277.

[116] DGFP (2004) S. 21.

[117] Vgl. DGFP (2004) S. 21-23.

[118] Vgl. hierzu Inhalte und Wege der Mitarbeiterbindung in Kap. III.

[119] Vgl. Müller-Vorgrüggen (2004) S. 42.

Potentialermittlungs- und Leistungsbeurteilungsprozesse und haben zum Ziel, die Bindungsintensität einzelner Mitarbeiter zu ermitteln und zu besprechen. Dies erfordert allerdings eine offene Kultur und Kommunikation innerhalb des Unternehmens, in welcher der Mitarbeiter negative Eindrücke und Ursachen für Abwanderungsgedanken offen äußern kann.[120] Auch wenn diese Gespräche ein differenziertes Bild ermöglichen, muss angesichts der mangelnden Anonymität stets das Risiko bewusst falscher Antworten seitens der Mitarbeiter berücksichtigt werden. Diese werden oftmals gegeben, um das Verhältnis zum Vorgesetzten nicht zu belasten.[121]

Ein weiteres Instrument, um herauszufinden, was einzelne Mitarbeiter bewegt, ist die *Mitarbeiterbefragung*, die differenziert auf die verschiedenen Belegschaftsgruppen eingehen kann.[122] Diese Methode ist aufwändiger, anonym und nach bisherigen Studienerkenntnissen wirkungsvoller als ein Mitarbeitergespräch. Das Unternehmen beauftragt hierbei einen internen Dienstleister mit der Befragung aller bzw. ausgewählter Mitarbeiter. Inhalte sind aufgrund der Wichtigkeit und Bewertung aus Mitarbeitersicht die zentralen Bindungsfaktoren. Als Methoden kommen je nach Inhalt und Aufwand Einzel- bzw. Fokusgruppengespräche, Papier-Fragebögen, integrierte Intranetlösungen und web-basierte Verfahren in Frage.[123]

Bei Hewlett-Packard gelten die Mitarbeiterumfragen, deren Ergebnisse jeder Mitarbeiter einsehen kann, als Stimmungsbarometer und geben wichtige Anstöße für den kontinuierlichen Verbesserungsprozess. Viele Unternehmen gliedern Umfragen in einen kulturellen Rahmen ein, in dem Feedback, Kritik und Ideen ebenso selbstverständlich sind, wie eine offene Unternehmenskultur. Winfried Gertz ist sich sicher, dass „[...] dies nur funktioniert, sofern absolutes Vertrauen vorherrscht und niemandem Nachteile drohen."[124] Ansonsten fühlen sich die Mitarbeiter wie auch beim direkten Mitarbeitergespräch eingeschüchtert, und antworten, was ihre Vorgesetzten hören wollen, um gut dazustehen und keine Konsequenzen für offene Kritik einstecken zu müssen.

---

[120] Vgl. Maier (2003) S. 282.

[121] Vgl. Nagel (2005) S. 27.

[122] Vgl. Towers Perrin (2007) S. 22.

[123] Vgl. Maier (2003) S. 282.

[124] Gertz (2004) S. 65.

Eine interne Mitarbeiterbefragung der Firma Festo AG & Co. KG in Esslingen im Jahr 2001, die in über 50 Landesgesellschaften weltweit durchgeführt wurde, zeigte ihre Wirkung weit über das Interesse des Unternehmens am Mitarbeiter hinaus. Nach der Präsentation der Ergebnisse im Vorstand fanden zeitnah mit Hilfe von externen Moderatoren Rückkopplungsveranstaltungen in den einzelnen Organisationen statt, um die Ergebnisse der Befragung zu diskutieren. Dabei wurden gemeinsam mit der Führungskraft und dem Mitarbeiter Handlungsfelder identifiziert und konkrete Vorgehen abgeleitet. Ziel war es, diese Maßnahmen in der Folgezeit umzusetzen und bei zukünftigen Teambesprechungen eigenverantwortlich kritisch zu hinterfragen.[125] Die Festo Gruppe beschäftigt an 250 Standorten weltweit über 11.500 Mitarbeiter.

Schließlich sind *Exit-Interviews* eine Methode, um die Mitarbeiterzufriedenheit unter der (ehemaligen) Belegschaft zu erfahren. Das Unternehmen führt in diesem Zusammenhang mit jedem Mitarbeiter, der den Betrieb verlassen möchte, ein Gespräch. Die Zielsetzung liegt darin, die Ursachen für den Mitarbeiterabgang zu ermitteln. Um eine offene Rückmeldung der Mitarbeiter sicherzustellen, sollten die Interviews je nach Unternehmenskultur von internen Vertrauensinstanzen (bspw. Personalbereich, Vertrauenspersonen, Betriebsrat etc.) durchgeführt werden. Die direkten Vorgesetzten scheiden dagegen als Gesprächspartner aus, da sie häufig selbst eine entscheidende Ursache für den Mitarbeiterabgang bilden.[126]

Laut Werner Pepels, Professor für Marketing an der Fachhochschule Gelsenkirchen/Bocholt, ist „Kontinuität bei der Messung der Mitarbeiterzufriedenheit zwingend erforderlich."[127] Darum sollten feste Indikatoren bestimmt werden, die fortlaufend beobachtet werden. Strittig hierbei ist, welche Größen als Indikator für Mitarbeiterzufriedenheit aussagekräftig sind. So können z.B. abgeleistete Überstunden sowohl ein Anzeichen für hohe Zufriedenheit und Motivation eines Mitarbeiters sein, als auch ein Anzeichen für seine Arbeitsüberbelastung und Stress. Darum ist kontinuierlicher Einsatz von Instrumenten zur Analyse der Mitarbeiterzufriedenheit am häufigsten erfolgreich.[128] Für Michael Müller-Vorbrüggen ist entscheidend, dass Ergebnisse von Zufriedenheitsmessungen zu Konsequenzen führen: „Unternehmensgrundsätze, Strategien und Instrumente können nur dann Personal bindend wirken, wenn sie

---

[125] Vgl. Speck/Ryba (2004) S. 394.

[126] Vgl. Maier (2003) S. 282-283.

[127] Pepels (2002) S. 141.

[128] Vgl. Pepels (2002) S. 141.

für das gesamte Personal nachprüfbar und erfahrbar sind. Kaum Jemand wird sich aufgrund von Worthülsen und Absichtserklärungen an ein Unternehmen binden."[129]

2.3.4. Einleitung von Bindungsmaßnahmen und Retention-Controlling

Ist die Integration eines Retention Management-Konzepts in der Unternehmensstrategie verankert und sind die beschriebenen Analysen in Abschnitt 2 und 3 durchgeführt, lassen sich die notwendigen Bindungsmaßnahmen gezielt ableiten. Diese „Inhalte und Wege der Mitarbeiterbindung", die im Kapitel III näher erläutert werden, können auf einzelne Mitarbeiter oder Mitarbeitergruppen angewandt werden. Wichtig ist es, auf die kritischen Punkte, die die Analysen ergeben, einzugehen. „So können potenzielle Unzufriedenheitsherde bei zu bindenden Mitarbeitern beseitigt werden"[130], erklärt Matthias Meifert, Mitglied der Geschäftsleitung der Managementberatung Kienbaum. Je nachdem, ob es Sinn macht sie zu halten oder nicht, gliedert Gerhard Maier Mitarbeiter in einzelne Performance-Gruppen: Einem Mitarbeiter mit geringer Leistung („Under Performer"), der eine geringe Bindung aufweist, wird eine beidseitige Trennung nahe gelegt. Meist geschieht dies nicht nur einseitig im Interesse des Unternehmens. Damit sind für den wechselnden Mitarbeiter deutlich mehr Chancen als Risiken verbunden. So können ihm im Rahmen einer professionellen Outplacement-Beratung konkrete Alternativen aufgezeigt und deren Umsetzung durch das Unternehmen aktiv unterstützt werden. Je nach Situation ist dies entweder die Vermittlung alternativer Arbeitgeber für sein bisheriges Berufsfeld oder eine Beratung zur beruflichen Neuorientierung.[131]

Bei einem „Under Performer", der sich an die Firma gebunden fühlt, werden in Mitarbeitergesprächen Wege aus dem Leistungstief aufgezeigt und konkret vorbereitet – im Sinne einer Leistungssteigerung innerhalb des Unternehmens oder alternativ in Richtung Outplacement. Aus Imagegründen ist es wichtig für alle Beteiligten fair und ausgewogen die Unternehmens- und Mitarbeiterinteressen zu berücksichtigen. Mitarbeiter mit durchschnittlichen Leistungsmerkmalen („Average Performer") sowie Leistungsträger („Top Performer"), die sich an das

---

[129] Müller-Vorbrüggen (2004) S. 42.

[130] Meifert (2008) S. 18.

[131] Vgl. Maier (2003) S. 283.

Unternehmen gebunden fühlen, sind in erster Linie die Adressaten systematischer Bindungs-aktivitäten.[132]

Die „Alarmglocken" müssen für ein Unternehmen bei einem „Top Performer" klingeln, dessen Bindung als zu gering eingestuft ist bzw. der seinen Abgang bereits angekündigt hat. In diesem Fall kommen spezielle Bindungsaktivitäten in Betracht, um einen Mitarbeiter zurückzugewinnen. Sie starten meist mit einem ausführlichen Analysegespräch des Personal-managements oder anderer Vertrauenspersonen mit dem betreffenden Mitarbeiter, in welchem die Abwanderungsgründe ermittelt werden sollen. In solchen Notsituationen ist eine unmittel-bare Reaktion auf den Kündigungsgedanken und ein schnelles Handeln sowie absolute Dis-kretion entscheidend.[133] Werner Pepels legt dar, dass diesen Mitarbeitern rasch und konkret aufgezeigt werden muss, dass das Unternehmen auf ihn baut und sich deshalb ein Verbleib für ihn lohnt: „Gerade überdurchschnittliche Mitarbeiter fühlen sich im Unternehmen oft ver-kannt, weil ihre hohen Leistungen als selbstverständlich angenommen und nicht weiter mit entsprechenden Zuspruch durch den Arbeitgeber versehen werden."[134] Hier hilft eine aus-drückliche Betonung des Stellenwerts des jeweiligen Mitarbeiters, um zu dessen Verbesse-rung des Selbstwertgefühls und Zufriedenheitsanspruchs beizutragen.

Akute Bindungsaktivitäten sollten nicht die Regel sein, schließlich beginnt der Fluktuations-prozess mit der Aussprache der Kündigung und dürfte in den überwiegenden Fällen nicht umkehrbar sein. Die Maßnahmen müssen zeitlich früher auf das Individuum und seine Be-dürfnisse einwirken und benötigen einen längeren zeitlichen Vorlauf.[135] Unternehmen, die dies durch gezielten Einsatz von Bindungsmaßnahmen beherrschen, befinden sich bereits einige wesentliche Schritte weiter auf der Erfolgsspur. Für diejenigen, die sich „[...] diese zentrale Herausforderung nicht annehmen können oder wollen, beginnt bereits heute der nackte Kampf um´s Überleben"[136], betont Gerhard Maier.

---

[132] Vgl. Maier (2003) S. 283.

[133] Vgl. Maier (2003) S. 284.

[134] Pepels (2002) S. 140.

[135] Vgl. Meifert (2008) S. 17.

[136] Maier (2003) S. 293.

Um solchen unvorhersehbaren Kündigungen vorzubeugen fordert Werner Pepels ein Personal-Frühwarnsystem, d.h. „[…] das genaue und laufende Ausmachen (Screening) von Faktoren, die als Indikatoren für eine nachlassende Personalbindung interpretiert werden können."[137] In diesem Fall geht es z.B. um unerwartet auftretende Fehlzeiten oder um vermehrt vorkommende kritische Äußerungen unter den Kollegen. Auf die Handlungsfelder der Mitarbeiterbindung, mit denen ein Unternehmen gezielt auf die Bindung von Mitarbeitern einwirken kann, geht Kapitel III ausführlich ein. Im letzten Schritt wird das gesamte Mitarbeiterbindungssystem des Unternehmens evaluiert, d.h. ein kontinuierliches strategisches Retention-Controlling durchgeführt.

Die Überprüfung der eingeleiteten Bindungsmaßnahmen spielt eine entscheidende Bedeutung für weitere zukünftige Aktivitäten. Auf Basis gesicherter und regelmäßig abrufbarer Informationen werden Zielgrößen definiert, mit denen das angestrebte Ergebnis von Retention-Maßnahmen überprüft wird. Die Analyseergebnisse werden in die Steuerung der Mitarbeiterbindungsmaßnahmen miteinbezogen und bei der neuen Zielsetzung beachtet. Das gilt für das strategische, genauso wie für das operative Retention-Controlling.[138]

Erfolgreiche Analysesysteme wurden in diesem Kapitel bereits beschrieben. Es gibt eine Vielzahl weiterer Faktoren, um die Maßnahmenwirksamkeit des Retention Managements darzustellen. So können bspw. motivationsbedingte Fehlzeiten und die durchschnittliche Betriebszugehörigkeit analysiert werden, um den Bindungserfolg der Retention-Maßnahmen zu überprüfen. Ferner können viele Gründe aus Mitarbeitergesprächen oder Exit-Interviews hervorgehen. Hierbei reden austretende Mitarbeiter offener über ihren Frust, weil sie keine Konsequenzen zu befürchten haben.[139] Wichtig ist, die Indikatoren so auszuwählen, dass sie in einem unmittelbaren Zusammenhang zur Unternehmens- und Personalstrategie stehen. Nur durch Konstanz und Zielorientierung werden die Maßnahmen für die Mitarbeiter glaubhaft.[140]

---

[137] Pepels (2002) S. 140.

[138] Vgl. DGFP (2004) S. 77.

[139] Vgl. Schirmer (2007) S. 57.

[140] Vgl. DGFP (2004) S. 80.

2.4. Schlussfolgerung zur Mitarbeiterbindung in Unternehmen

Eine sehr treffende Definition, die den Begriff der Mitarbeiterbindung nochmals zusammenfasst, stammt von dem Autorin Anja vom Hofe: „Mitarbeiterbindung betrachtet die vom Mitarbeiter empfundene Verbundenheit sowie seine Gebundenheit an ein Unternehmen und umfasst alle Maßnahmen eines Unternehmens, die darauf abzielen, die Mitarbeiter darin zu beeinflussen, beim Unternehmen zu verbleiben und die Beziehung [...] zu festigen."[141] Nachdem diese Umschreibung die meisten Autorenmeinungen zum Begriff der Mitarbeiterbindung beinhaltet, ist von einer weiteren Diskussion abzusehen.

Eine solche beschriebene Bindung zum Betrieb beruht auf einem besonderen Vertrauen des Mitarbeiters dem Unternehmen gegenüber, auf dem sogenannten Commitment, das als psychologisches Band zwischen Organisation und Mitarbeiter besteht.[142] Innerhalb des Commitments ist es notwendig die emotionale Verbundenheit des Mitarbeiters zum Unternehmen zu fördern, da nach Matthias Meifert, Mitglied der Geschäftsleitung der Managementberatung Kienbaum, die Bindungsabsichten durch positive innere Einstellungen der Mitarbeiter gegenüber dem Unternehmen zu einem nachhaltigen Erfolg führen.[143] Kritisch zu sehen ist, dass Werner Pepels die moralischen bzw. normativen Verpflichtungen (nach Annette Nagel und Matthias Meifert ein Gefühl der Verpflichtung aufgrund eines Drucks von Werten und Normen), den emotionalen Aspekten zuordnet.[144] Das würde bedeuten, dass Unternehmen verstärkt die moralischen bzw. normativen Verpflichtungen der Mitarbeiter gegenüber dem Betrieb – neben den affektiven bzw. emotionalen Faktoren – fördern müssen, um einen nachhaltigen Erfolg für das Unternehmen zu erreichen.

Innerhalb eines Personalmanagements tragen vor- bzw. nachgelagerte Prozesse ihren Teil zur Mitarbeiterbindung bei. Bereits beim Personalmarketing und dem Integrationsprozess wird der Grundstein für eine langfristig haltbare Bindung zwischen Unternehmen und Mitarbeiter gelegt. Genauso sollte auf der anderen Seite der Exit-Prozess eines Mitarbeiters begleitet werden.[145] Organisatorisch kann die Mitarbeiterbindung leider nicht konkret einem Bereich

---

[141] Vgl. Hofe (2005) S. 8.

[142] Vgl. Dick (2004).

[143] Vgl. Meifert (2008) S. 15.

[144] Vgl. Peppels (2002) S. 132.

[145] Vgl. Maier (2003) S. 277-278.

im Personalmanagement zugeordnet werden. Neben der Möglichkeit, als ein eigenes Element im Wertschöpfungsprozess, was zumeist in großen Betrieben der Fall ist, wird die Personalbindung in kleineren und mittelständischen Unternehmen oft der PE oder dem Personalmarketing zugewiesen.

„Qualifizierte Mitarbeiter und ihre Bindung an das Unternehmen sind wesentliche Faktoren für den Unternehmenserfolg. Wer die richtigen Mitarbeiter gewonnen hat, der möchte sie auch behalten"[146], erklärt Towers Perrin in der Global Workforce Study 2007-2008. Insbesondere für die zukünftige Entwicklung deutscher Unternehmen bekommt die Mitarbeiterbindung eine sehr hohe Bedeutung zugewiesen (56,7 % eher hohe Bedeutung und 37,3 % eine große Bedeutung).[147] Trotz der erkannten hohen Wirkung von Retention Management planen fast 80 % der Unternehmungen kein konkretes Budget für Retention-Maßnahmen ein. Zudem verspüren 88 % der Arbeitnehmer im Jahr 2007 hierzulande keine echte Verpflichtung gegenüber ihrer Arbeit. Damit bleibt der Anteil der Beschäftigten in Deutschland, bei denen sich nur eine geringe oder keine emotionale Bindung im Job ausmachen lässt, auf hohem Niveau.

Der Aufbau eines Retention Managements beinhaltet strategische Faktoren, die bei der Durchführung beachten werden müssen. Im Unternehmen stehen sich die Aspekte der Kostensenkung durch Personalabbau und die Notwendigkeit einer Steigerung der Leistungs- und Innovationskraft gegenüber. Dies setzt voraus, dass speziell in wirtschaftlichen Schwächephasen die besten und strategisch wichtigsten Mitarbeiter gebunden werden.[148] Matthias Meifert unterstützt dies: „Mitarbeiter, die wechselwillig sind, aber aktuell aufgrund der Arbeitsmarktlage nicht fähig, warten nur auf eine Gelegenheit, um das Unternehmen zu verlassen."[149] Das Ziel eines Betriebes muss sein, diese Erkenntnisse in der Unternehmensstrategie zu verankern, und damit auch in der Unternehmenskultur und der internen Kommunikation, um die Wichtigkeit der Mitarbeiterbindung den Mitarbeitern zu verdeutlichen.

Schließlich kommt es beim operativen Retention Management darauf an, eine strukturierte Analyse des Unternehmens in Bezug auf das gesamte Modell zentraler Bindungsfaktoren vorzunehmen. Zu den Maßnahmen gehört hier die interne Analyse der Mitarbeiterzufrieden-

---

[146] Towers Perrin (2007) S. 14-15.

[147] Vgl. Kienbaum (2001) S. 6-7.

[148] Vgl. Nagel (2005) S. 25.

[149] Meifert (2008) S. 17.

heit und des Fluktuationsrisikos. Eine niedrige Fluktuationsrate ist allgemein von Vorteil, da sie Aufwand für die Rekrutierung und Einarbeitung neuer Mitarbeiter gering hält. Innerhalb der Fluktuationsrate ist die Mitarbeiterbindung nicht immer sinnvoll. Eine Freisetzung von weniger leistungsfähigen Mitarbeitern kann eine erfreuliche Randerscheinung sein.[150] Zudem ist eine spezifische Analyse der Personen und Funktionen im Unternehmen wichtig, um herauszufinden, welcher Potentialträger an welche wichtigen Positionen gebunden werden müssen. Hierbei betont Gerhard Maier: „Je besser die Leistung des Mitarbeiters bzw. je höher sein Beitrag zum Unternehmenserfolg, desto größer das Interesse des Unternehmens, den betreffenden Mitarbeiter zu halten."[151] Somit soll sich die Mitarbeiterbindung auf strategisch wichtige Mitarbeiter konzentrieren.

Nach den Analysen müssen die vorgesehenen Maßnahmen[152] individuell auf die einzelnen Zielgruppen abgestimmt werden. Programme, die viele Mitarbeiter nur oberflächlich treffen, führen zu nichts. Wichtig ist, dass die Maßnahmen einen längeren zeitlichen Vorlauf benötigen, schließlich beginnt der Fluktuationsprozess bereits mit der Aussprache der Kündigung und dürfte in den überwiegenden Fällen nicht umkehrbar sein. Auch ein Controlling der Maßnahmen im Nachhinein ist sinnvoll, da gewonnene Ergebnisse aus Evaluierungen wiederum in die neuen Planungen miteinfließen können. Auf dieser Grundlage gelingt es wesentlich einfacher, eine integrative und unternehmensspezifische Struktur zur Mitarbeiterbindung zu entwickeln und diese in einzelnen, miteinander abgestimmten Schritten erfolgreich umzusetzen.[153]

Unternehmen erkennen, dass nicht Kapital, sondern Mitarbeiter die Schlüsselressource für den Unternehmenserfolg sind. In Deutschland dürfte sich der Trend durch die sich abzeichnenden demografischen Entwicklungen, die das Verhältnis von Angebot und Nachfrage stärker zugunsten der Mitarbeiter verschieben, intensivieren. Es ist nicht einfach, die Bedürfnisse der Mitarbeiter mit den Unternehmenszielsetzungen in Einklang zu bringen, darum ist es unerlässlich, die Präferenzen von Mitarbeitern zu kennen.[154] Jeder Mitarbeiter legt ein unterschiedliches, individuelles Gewicht auf die einzelnen Bindungsmaßnahmen, sodass es

---

[150] Vgl. Meier (2003) S. 280.

[151] Meier (2003) S. 280.

[152] Vgl. hierzu Inhalte und Wege der Mitarbeiterbindung in Kap. III.

[153] Vgl. Maier (2003) S. 292 und Kuth (2008) S. 20.

[154] Vgl. Towers Perrin (2007) S. 7.

nie das perfekte System für alle Mitarbeiter geben kann. Die richtige Balance zu finden aus Unternehmens- und Mitarbeiterinteressen und Kosten- und Nutzenaspekten ist entscheidend.[155] Im nächsten Schritt werden empirischen Ergebnissen zur Bedeutung von Mitarbeiterbindungsinstrumenten verglichen und deren wichtigste Handlungsfelder erläutert.

---

[155] Vgl. Maier (2003) S. 292 und Kuth (2008) S. 20.

3.   Handlungsfelder der Mitarbeiterbindung

In Kapitel II wurde die Mitarbeiterbindung bereits hergeleitet und eingeordnet, sowie die Struktur eines Employee Retention Managements im Unternehmen aufgezeigt. Was fehlt sind Inhalte und Wege, die Unternehmen bei der Einleitung von Bindungsmaßnahmen verwenden können. In diesem Fall zeigt sich ein vielfältiges Bild an Faktoren, die entscheidende Rollen darin spielen. Einzelne betreffen die Organisation als Ganzes, andere sprechen den Mitarbeiter als Individuum an. Aus diesem Zusammenhang hat Peopledynamix die Mitarbeiterbindungssystematik erarbeitet, welche die wesentlichen Bindungsfaktoren in Abbildung 7 anschaulich darstellt.[156]

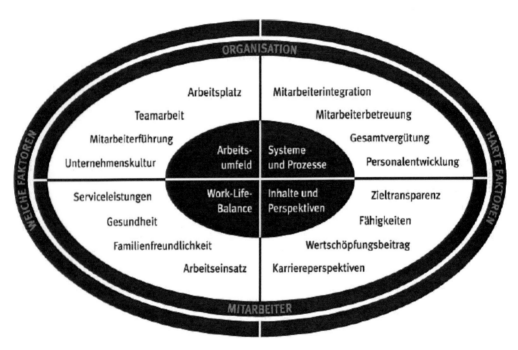

Abbildung 7: Mitarbeiterbindungssystematik von Peopledynamix
Quelle: Maier (2007) S. 13.

Darin zeigen sich unter vier Überschriften insgesamt 16 zentrale Faktoren zur Mitarbeiterbindung. Im Kern werden diese und weitere Instrumente im folgenden Kapitel dargestellt. Beginnend mit aktuellen empirischen Ergebnissen zur Mitarbeiterbindung in Deutschland, werden im Anschluss die wichtigsten Faktoren der Studien ausführlich beschrieben. Der

---

[156] Vgl. Maier (2003) S. 285.

betrieblichen Weiterbildung als Bindungsinstrument kommt dabei eine besondere Funktion zu, und wird daher ausführlicher betrachtet.

3.1. Empirische Ergebnisse zur Mitarbeiterbindung

Empirische Ergebnisse zur Mitarbeiterbindung stellen in diesem Kapitel die Grundlage zur Ermittlung von nützlichen Inhalten und Wegen für die Bindung von Personal dar. In den Studien wurden fast ausschließlich deutsche Teilnehmer – Berufseinsteiger, Arbeitnehmer oder Unternehmen – befragt. Im Rahmen meiner Arbeit verglich ich die in Abschnitt 1.1 beschriebenen Studien und leitete Ergebnisse zur Bedeutung einzelner Mitarbeiterbindungs-maßnahmen ab. Im Folgenden werden die Studien vorgestellt und ihre wichtigsten Ergebnisse kurz erläutert.

3.1.1. Studien zur Bedeutung von Mitarbeiterbindungsinstrumenten

Die *Kienbaum Retention-Studie 2001* hat in ihrer Befragung zur Mitarbeiterbindung acht Maßnahmencluster gebildet, hinter welchen sich jeweils weitere Einzelmaßnahmen verbergen. Die Maßnahmencluster werden stets auf ihren Einfluss auf das Retention Management einerseits und ihre Umsetzung in der Unternehmung andererseits, beleuchtet. Abbildung 8 zeigt, dass nach Meinung der beteiligten Firmen sämtliche vorgegebenen Maßnahmencluster einen hohen Einfluss auf die Mitarbeiterbindung haben. Gleichzeitig wird der erwartete Einfluss stets höher eingeschätzt als die tatsächliche Umsetzung vermuten lässt. Insbesondere die Realisierung der Maßnahmen im Bereich „Persönliches Arbeitsumfeld" und „Führungs-verständnis" liegt klar hinter dem geschätzten Einfluss der Mitarbeiterbindung zurück. Zu-sammengefasst haben die Faktoren „Image und Kultur", „Führungsverständnis" und „Ar-beitsumfeld" die größten Auswirkungen unter den Retention-Maßnahmen. Danach folgen gleichauf „Vergütung", „Strategische Faktoren", „PE" und die „Ausrichtung des Personalma-nagements im Unternehmen".[157]

---

[157] Vgl. Kienbaum (2001) S. 14.

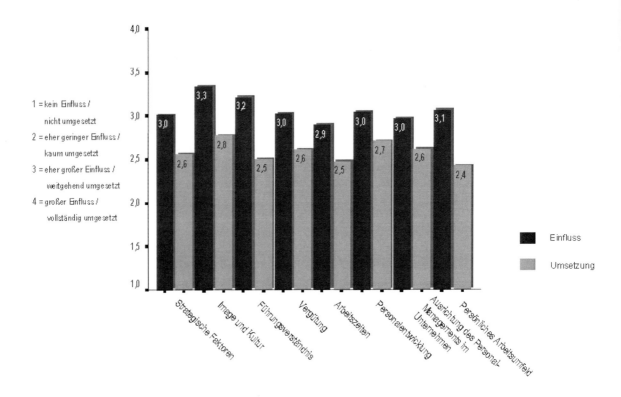

Abbildung 8: Maßnahmencluster zur Mitarbeiterbindung
Quelle: Kienbaum (2001) S. 14.

Laut der *Global Workforce Study 2007* von *Towers Perrin*, eine der weltweit führenden Managementberatungen, spielt der Ruf des Unternehmens schon bei der Mitarbeitergewinnung eine Rolle. Abbildung 9 zeit, dass er beim Binden der Arbeitskräfte sogar an erster Stelle liegt. Weiterhin hängt die Bindung von Mitarbeitern wesentlich davon ab, dass die Vergütungs- und Karriereentscheidungen als nachvollziehbar und angemessen empfunden werden. Ein produktives Arbeitsumfeld, das Entscheidungsspielräume eröffnet und eine gute technische Ausstattung bietet, ist wichtig. Das Top-Management hat Einfluss auf die Bindung der Mitarbeiter, indem es Vertrauen dafür aufbaut, das Unternehmen erfolgreich in die Zukunft führen zu können.[158]

---

[158] Vgl. Towers Perrin (2007) S. 15.

Top-10-Treiber für Mitarbeiterbindung	Rang Deutschland
Ruf des Unternehmens als guter Arbeitgeber	1
Ausreichende Entscheidungsfreiheit	2
Faire Vergütung im Vergleich zu Kollegen	3
Innovatives Unternehmen	4
Gutes Trainingsangebot im Vergleich zu anderen Unternehmen	5
Zufriedenheit mit den Personalentscheidungen des Unternehmens	6
Positiver Einfluss von Technologie auf die Work/Life Balance	7
Klare Vision der Unternehmensleitung für langfristigen Erfolg	8
Einfluss auf Entscheidungsprozesse im eigenen Bereich	9
Zufriedenheit mit den Geschäftsentscheidungen des Unternehmens	10

Abbildung 9: Top-10-Treiber der Mitarbeiterbindung in Deutschland
Quelle: Towers Perrin (2007) S. 15.

Entscheidend für die Verbundenheit der Beschäftigten mit ihrem Arbeitgeber ist laut dem *IFAK Arbeitsklima-Barometer 2007* die Gestaltung des Arbeitsumfelds durch Vorgesetzte: „Wer keine Bindung hat, dem fehlt häufig die Klarheit über die eigenen Rechte und Pflichten."[159] Nur jeder zweite hat eine klare Vorstellung von seinen Aufgaben. Bei denjenigen mit hoher Bindung sind hier nahezu alle im Bilde. Auch bei der Einschätzung der eigenen Informiertheit zeigen sich große Unterschiede zwischen „keiner Bindung" und „hoher Bindung". In der ersten Gruppe fühlt sich nicht einmal einer von zehn Beschäftigten optimal über Neuigkeiten im Unternehmen informiert, in der zweiten Gruppe sind es sechs von zehn. Als weitere Faktoren der Mitarbeiterbindung nennt die Studie Feedback zur eigenen Arbeit, Lob und Anerkennung.[160]

---

[159] IFAK Institut (2008).

[160] Vgl. IFAK Institut (2008).

Die Arbeitszufriedenheitsfaktoren in E-Business-Unternehmen in Deutschland sind in der Studie von *Accenture, Handelsblatt.com und ECLab an der Universität Witten/Herdecke* im März 2001 von Bedeutung. Vor Komponenten wie Urlaubsanspruch, Arbeitszeitbelastung, monetärer Vergütung und diversen Serviceleitungen des Betriebes liegen drei Faktoren auf den ersten Plätzen: Unternehmenskultur, inhaltliche Herausforderung am Arbeitsplatz und immaterielle Anerkennung für erbrachte Leistung. Allen drei Größen haben gemeinsam, dass sie durch die Führungskultur eines Unternehmens und das konkrete Verhalten der Führungskräfte maßgeblich geprägt werden. Die Führungsqualität entscheidet maßgeblich über die Fluktuationsrate eines Unternehmens.[161]

Werden in die Studien zur Mitarbeiterbindung ebenso die Wechselabsichten miteinbezogen, muss zudem die *Längsschnittstudie an Führungsnachwuchskräften von R. Woschée* im Jahr 2001 betrachtet werden. Hier geht es schwerpunktmäßig um die Frage, von welchen Bedingungen es abhängt, dass einmal gewonnene Nachwuchskräfte das Unternehmen freiwillig wieder verlassen. Die konkrete Frage nach den Gründen an diejenigen, die gekündigt hatten, zeigt, dass Verhalten der Vorgesetzten und mangelnde Aufstiegsmöglichkeiten zu Unternehmenswechsel führen. Danach folgen mit Abstand zu geringe Entscheidungsbefugnisse, nicht angemessene Bezahlung, unbefriedigendes Aufgabenfeld und ein schlechtes Arbeitsklima. Die Studie wurde an Hochschulabsolventen und den tausend größten deutschen Firmen zwischen 1991 und 1999 durchgeführt.[162]

In einer weiteren Studie befragten Teilnehmer eines Forschungsprojektes an der *Fachhochschule Münster* bundesweit 125 Unternehmen, die regelmäßig Führungsnachwuchskräfte unterschiedlicher Fachrichtungen von den Hochschulen einstellen, nach der Bedeutung ausgewählter Bindungsfaktoren. Gleichzeitig antworteten 25 Hochschulabsolventen mit ein bis fünf Jahren Berufserfahrung, welche Wichtigkeit sie ausgewählten Merkmalen für den Wechsel des Arbeitgebers beimessen. Die Hälfte der befragten Hochschulabsolventen hatte mindestens einen Arbeitgeberwechsel vollzogen. Die Zusammenfassung der Ergebnisse in der Gegenüberstellung von Arbeitgeber- und Arbeitnehmerantworten zeigt einige überraschende Aspekte auf. Aus Sicht der befragten Unternehmen stehen Aufstiegsmöglichkeiten, Arbeitsinhalte und Vorgesetztenverhalten im Vordergrund, wenn Mitarbeiter den Wechsel zu einem anderen Arbeitgeber planen. Hiervon abweichend antworten jedoch die befragten Nach-

---

[161] Vgl. Maier (2003) S. 277.

[162] Vgl. Rosenstiel (2003) S. 246-247.

wuchsführungskräfte, dass das Betriebsklima und auch der Spaß am Arbeitsplatz auf den vordersten Plätzen liegen. Dann erst folgen Arbeitsinhalte und Vorgesetztenverhalten. Die Ergebnisse erheben zwar keinen Anspruch auf Repräsentativität, bestätigen jedoch die Erkenntnis, dass sich Werte und Präferenzen verändert haben und dies erhebliche Bedeutung für die Bindung von Mitarbeitern hat.[163]

3.1.2. Zusammenfassung der Studien

Zusammenfassend können Wege und Inhalte der Mitarbeiterbindung für deutsche Unternehmen abgeleitet werden, die zur Mitarbeiterzufriedenheit oder durch Nicht-Vorhandensein zum Arbeitsplatzwechsel führen. Die Auswertungen der in Abschnitt 1.1 beschriebenen Studien zeigen, dass in Deutschland drei Faktoren am häufigsten mitarbeiterbindend wirken: Entwicklung der Mitarbeiter (Aufstiegs-, Weiterbildungs- und Entwicklungsmöglichkeiten), ausgeprägte Unternehmenskultur (Betriebsklima, Ruf, Image, Interne Kommunikation) und gutes Führungsverständnis der Vorgesetzten. Die Möglichkeiten der Mitarbeiterentwicklung haben die häufigsten Einzelnennungen, knapp vor der Gestaltung der Unternehmenskultur. Der Mitarbeiterführung kommt eine besondere Bedeutung zu. Die ebenfalls häufig genannten Faktoren „Arbeitsumfeld", „herausfordernde Arbeitsinhalte", „Entscheidungsfreiheit" und „Wertschätzung und Anerkennung für die Arbeit" liegen im direkten Handlungsfeld des Vorgesetzten. Darüber hinaus zählt die Vergütung nicht mehr zu den Top-Treibern, die Mitarbeiter zu einem Verbleib in einem Unternehmen veranlassen. Solange die Vergütung leistungsbezogen und angemessen gegenüber den anderen Mitarbeitern ist. Sehr auffällig ist, dass die Work-Life-Balance in Deutschland keine große Wichtigkeit hat. Der Trend aus den USA greift bereits in einigen europäischen Ländern und gewinnt ebenfalls in Deutschland zunehmend an Bedeutung.

Abweichungen ergeben sich bei den Studienergebnissen, wenn Arbeitgeber und Arbeitnehmer einzeln befragt wurden, da deren Empfinden bzgl. der Inhalte und Wege der Mitarbeiterbindung unterschiedlich sein können. Dabei wird deutlich, dass die Vergütung aus Unternehmenssicht einen viel höheren Stellenwert hat als bei den Mitarbeitern. Hingegen sind für Mitarbeiter Entscheidungsfreiheit sowie Wertschätzung und Anerkennung für die geleistete Arbeit deutlich wichtiger als finanzielle Anreize. Bei der Bedeutung der konkreten Arbeitsin-

---

[163] Vgl. Nagel (2005) S. 26-27.

halte, der Kultur des Unternehmens und der Mitarbeiterentwicklung sind sich Arbeitnehmer und Arbeitgeber jedoch sehr einig. Diese Instrumente der Mitarbeiterbindung sind für beide Seiten von großer Bedeutung.

Im internationalen Vergleich (westliche Länder) zu Deutschland gibt es weitgehende Übereinstimmungen bei den drei erfolgreichsten Mitarbeiterbindungsfaktoren Mitarbeiterentwicklung, Unternehmenskultur und Mitarbeiterführung. Jedoch kommt der Grundvergütung, dem Stressniveau oder der Work-Life-Balance eine weitaus höhere Bedeutung als in der Bundesrepublik zu. Die Work-Life-Balance erhält in anderen Ländern mehr Zuspruch. Hierbei sind allerdings landestypische Besonderheiten zwingend zu beachten. So weisen betriebliche Zusatzleistungen im Bereich der Krankenversicherung eine herausragende Bedeutung für US-amerikanische Manager auf. In einem Land, in dem schätzungsweise 40 Mio. Menschen nicht krankenversichert sind, ist dies kaum verwunderlich. Für deutsche Unternehmen besitzt hingegen die betriebliche Altersvorsorge eine hohe Priorität.[164]

Die aus den empirischen Studien entwickelten Ergebnisse sind nicht vollständig repräsentativ, da die einzelnen Studien zu unterschiedlich in ihren Zielsetzungen ausgelegt sind. Trotzdem zeigen sie deutliche Tendenzen auf, welche Faktoren für Mitarbeiter bei der Bindung an ein Unternehmen wichtig sind. Diese werden im kommenden Abschnitt „Inhalte und Wege der Mitarbeiterbindung" genauer analysiert. Oft sind es ganz einfache Gründe, weshalb Mitarbeiter nicht wechseln können oder wollen. „Vertragliche Faktoren führen zur Personalbindung, weil eine juristische Vereinbarung zwischen Arbeitgeber und Arbeitnehmer besteht, die Letzteren daran hindert, nach freiem eigenem Ermessen die Arbeitsstelle zu wechseln"[165], erläutert Werner Pepels, Professor für Marketing an der Fachhochschule Gelsenkirchen/Bocholt. Dies ist z.B. der Fall, wenn eine feste Laufzeit im Arbeitsvertrag besteht, die beide Seiten aneinander bindet. Auch eine Tätigkeit mit besonderer Geheimhaltungspflicht (z.B. in der Forschung), bei welcher der Mitarbeiter vertraglich daran gehindert wird, innerhalb der Branche zur Konkurrenz zu wechseln, ist ein solches Beispiel. Schließlich ist bei einer betrieblichen Weiterbildung, die der Arbeitgeber ganz oder teilweise finanziert, bei Ausscheiden aus dem Unternehmen vor Ablauf einer festgesetzten Frist die Rückzahlung dieser Kosten erforderlich.[166]

---

[164] Vgl. Weinert (2008) S. 296, Haselgruber/Brück (2008) S. 38.

[165] Pepels (2002) S. 135.

[166] Vgl. Pepels (2002) S. 135-136.

3.2. Inhalte und Wege der Mitarbeiterbindung

Instrumente der Mitarbeiterbindung, die bei den Studien oben am häufigsten unter den ersten Plätzen genannt wurden, sind ausreichende Aufstiegs-, Weiterbildungs- und Entwicklungsmöglichkeiten, eine ausgeprägte Unternehmenskultur (Betriebsklima, Ruf, Image) und ein gutes Führungsverständnis der Vorgesetzten. Ferner hat in Deutschland die Anerkennung und Wertschätzung am Arbeitsplatz und die Vergütung eine große Wichtigkeit. Schließlich wird die Work-Life-Balance, die in Deutschland an Bedeutung gewinnt, als Teil eines ganzheitlichen Retention Management aufgezeigt. All diese Inhalte und Wege tragen zum Verbleib eines Mitarbeiters im Unternehmen bei und werden im Folgenden in ihren Einzelheiten erläutert.

3.2.1. Aufstiegs-, Weiterbildungs- und Entwicklungsmöglichkeiten

Das in den empirischen Studien am häufigsten erwähnte Handlungsfeld der Mitarbeiterbindung, sind gute Aufstiegs-, Weiterbildungs- und Entwicklungsmöglichkeiten. Der Umgang des Unternehmens mit den Mitarbeiterfähigkeiten und das Aufzeigen von Karriereperspektiven ist in diesem Zusammenhang ein Thema, ebenso wie die Transparenz von Unternehmens-, Bereichs- und Mitarbeiterzielen. Zudem wird ein praxisnaher Faktor – das Talent Management Programm – dargestellt. Auf das Thema „betriebliche Weiterbildung", das ebenfalls zu den Weiterbildungsmöglichkeiten gehört, wird im Anschluss an die einzelnen Inhalte und Wege der Mitarbeiterbindung explizit eingegangen.

Eingebettet sind diese Themen in vielen Unternehmen in der *PE*. Die zielgerichtete Weiterentwicklung der Kompetenzen der Mitarbeiter stellt hierbei nicht nur einen Mehrwert für den Mitarbeiter selbst, sondern ebenso für das Unternehmen dar. Innerhalb der Entwicklung der eigenen Mitarbeiter fragt sich die Personalabteilung bei ihrer Arbeit, welche Instrumente und Prozesse es dem Unternehmen ermöglichen, die PE ziel- und ertragsorientiert durchzuführen. Diese Maßnahmen sollen in den folgenden Themenfeldern verdeutlicht werden.

Das Erkennen und Berücksichtigen der Stärken und Schwächen der Mitarbeiter, ihrer *Fähigkeiten*, sind grundlegende Punkte in der PE. Personen verfügen über eine unzureichende Einschätzung der eigenen Stärken und Schwächen. Darum gibt es Prozesse zur Ermittlung der

Fähigkeiten und Potenziale eines Mitarbeiters. Ein erfolgreiches Praxisbeispiel wäre eine Fähigkeitsanalyse mit einem kompetenzbasierten Mitarbeitermanagement zur Untersuchung und Darstellung von Stärken und Schwächen der Mitarbeiter.[167]

Innerhalb einer solchen Analyse der Fähigkeiten ist es für Mitarbeiter bedeutender, ob ein Beurteilungsprozess gerecht und transparent erlebt wird und der Mitarbeiter im Ergebnis Wertschätzung erfährt, als welche Methoden und Verfahren angewendet werden. Die Consol GmbH hat zur Transparenz bei der Bewertung der Leistungen ihrer Mitarbeiter ein System eingeführt, mit dem Stärken verglichen und Veränderungen festgestellt werden. Die Idee zu dem System kam von den Mitarbeitern selbst, da sie es gewohnt sind, sich einzubringen und Kritik zu üben.[168] Entscheidend ist die begleitende Kommunikation bei der Einführung eines Analysesystems. Das Verfahren selbst muss mit seinen Stärken und Schwächen und die Gründe für die Einführung glaubhaft dargestellt werden.[169]

Ein Unternehmen, in dem die Mitarbeiter nicht aktiv mitdenken, hat es schwer, sich am Markt zu behaupten. Da sich Menschen und ihre Situationen verändern, ist es mindestens einmal im Jahr nötig, die Mitarbeiter zu beurteilen. Gründe der Veränderungen liefern die aktuellen Problemstellungen deutscher Unternehmen, die in Kapitel I beschrieben wurden. Ziel der Bewertung ist eine Positionsbestimmung des Mitarbeiters, die als Ausgangspunkt für gezielte Fördermaßnahmen innerhalb der Handlungsfelder der Mitarbeiterbindung dient. Schließlich ist es für Mitarbeiter und Unternehmen im gleichen Sinne bedeutend, sich laufend weiterzu-entwickeln.[170]

Auf eine Fähigkeitsanalyse folgen die *Karriereperspektiven*, die ein Unternehmen seinen Mitarbeitern bietet. Für seine Nachwuchsführungskräfte benötigt ein Betrieb so genannte „Roadmaps for Success" zur Abbildung von möglichen – horizontalen wie vertikalen – Karrierewegen. In der horizontalen Entwicklung (Job Enlargement) führt ein Mitarbeiter, der bislang auf eine Tätigkeit beschränkt war, nach Abschluss der Maßnahme nun mehrere verschiedene Tätigkeiten auf demselben Anforderungsniveau aus. Dagegen ermöglicht eine vertikale Entwicklung (Job Enrichment) Tätigkeiten auf einem höheren Anforderungsniveau

---

[167] Vgl. Maier (2003) S. 289.

[168] Vgl. o.V. (2008a) S. 33.

[169] Vgl. DGFP (2004) S. 68-69.

[170] Vgl. Knoblauch/Kur (2007) S. 125-128

mit mehr Verantwortung. Schließlich spielen gezielte Nachfolgeplanungen für erfolgskritische Funktionen im Unternehmen in diesem Zusammenhang eine Bedeutung.[171]

Wie bereits bei der Analyse der Mitarbeiterzufriedenheit[172] erklärt wurde, erfahren *Mitarbeitergespräche* in den Unternehmen eine große Wichtigkeit. Solche Gespräche, in denen Beratung, Förderung und Beurteilung eingebettet sein können, geben die Möglichkeit, Führungsaufgaben und ergebnisbezogene variable Vergütung zu verbinden. Die bei der Firma Festo AG & Co. KG in Esslingen durchgeführten Beratungs- und Fördergespräche verfolgen neben der Identifikation mit dem Unternehmen, das Ziel der Motivationssteigerung beim Mitarbeiter. Neben der gemeinsamen Vereinbarung von zukünftigen Zielen wird rückwirkend die Erreichung der Vereinbarungen analysiert und bewertet.[173] „Schließlich ist es essentiell, dass die individuellen Ziele der Mitarbeiter ermittelt werden"[174], betonen Lars Reppesgaard und Martin Bialluch, freie Journalisten aus Hamburg.

Ein *Coachinggespräch* bietet sozusagen eine unabhängige Alternative zu einem Mitarbeitergespräch. Das Coaching hat in den letzten Jahren viel an Aufmerksamkeit gewonnen. „Es zählt zweifellos zu jenen Aspekten des Retention Managements, die den Entfaltungsraum von Fach- und Führungskräften bestimmen und auf die kein Personalverantwortlicher auf absehbare Zeit wird verzichten können"[175], erläutert Winfried Gertz, von Beruf freier Journalist. Vorteilhaft ist das Coaching insbesondere dann, wenn der Mitarbeiter sich vertrauensvoll über seine persönlichen Belange austauschen will und wenn ihm geholfen wird, seine beruflichen Aufgaben mit dem privaten Leben in Einklang zu bringen. „Gecoacht zu werden ist sicherlich kein Makel mehr für Fach- und vor allem für Führungskräfte", erklärt Winfried Gertz und fügt hinzu: „Es ist ein probates Instrument der Personalentwicklung, und mancherorts gilt es bereits als neues Statussymbol."[176] Wer offen ist und seiner persönlichen Entwicklung nicht selbst im Wege stehen will, kann von einem erfahrenen Coach erwarten, ihm dabei zu helfen, den persönlichen Standort zu bestimmen und realistische Ziele für die berufliche Karriere zu definieren.

---

[171] Vgl. Maier (2003) S. 289.

[172] Vgl. hierzu „Analyse der Mitarbeiterzufriedenheit im Unternehmen" in Kap. II.

[173] Vgl. Speck/Ryba (2004) S. 393-394.

[174] Reppesgaard/Bialluch (2008) S. 23.

[175] Gertz (2004) S. 85.

[176] Gertz (2004) S. 87.

Wie bereits erwähnt sind bei der Entwicklung der Mitarbeiter „Roadmaps for Success" und gezielte Nachfolgeplanungen von großer Bedeutung. Ein kompetenzbasiertes Mitarbeitermanagement – ein *Talent Management* – zur festen Betreuung der Stärken und Schwächen der Mitarbeiter kann jedem Unternehmen zu Wettbewerbsvorteilen verhelfen. „Kurz- bis mittelfristig senkt ein solches Programm die Fluktuationsraten und die externen Besetzungsquoten bei den erfolgskritischen Führungskräften"[177], erklärt Towers Perrin in einer Talent Management-Studie im Jahr 2005. Ausschlaggebend für den mittel- und langfristigen Erfolg des Talent Management-Prozesses ist die Erfolgsmessung, d.h. wie viele Mitarbeiter gezielt in Form einer Aufstiegsposition durch die Aufnahmen in einen Talentpool profitiert haben. Nur wenn vorhandene Instrumente und Prozesse fortlaufend im Hinblick auf ihre Effizienz und Effektivität überprüft werden, kann ein möglicher Optimierungsbedarf festgestellt werden.[178]

Die Firma Festo vollzieht in einer zweimal im Jahr stattfindenden Vorstandsrunde eine generelle Abstimmung über Änderungen in den Führungspositionen. In diesem Fall erhalten die Vorstände von der Personalabteilung eine Namensliste von Potenzialträgern, deren Fähigkeitsprofile auf das Anforderungsprofil von freiwerdenden Stellen passen würden. Der Abgleich der Anforderungen der Stellen erfolgt im Vorfeld durch das Personalwesen mittels einer Potenzialträgerdatenbank, in welcher die erforderlichen Daten der Mitarbeiter aus den einzelnen Potenzialermittlungsrunden und Gesprächen hinterlegt sind. In der Vorstandsrunde werden dann die Profile nochmals abgeglichen und weitere Schritte konkret vereinbart.[179]

Ein Talent Management kann über die Attraktivität eines Unternehmens am globalen Arbeitsmarkt entscheiden. „Die Positionierung als Arbeitgeber lässt sich mittel- bis langfristig durch ein professionelles Talent Management verbessern. Voraussetzung dafür sind allerdings eine klare Kommunikation und Transparenz des Talent Management-Programms, nach innen wie außen"[180], ist sich Towers Perrin sicher. Der Mitarbeiter muss die Investition als Wertschätzung seiner Person wahrnehmen, und die Auswahl der Teilnehmer sollte als fair erlebt werden. Dies stellt erhebliche Anforderungen an die PE, wenn es um als besonders karriereförderlich geltende Programme für Nachwuchsführungskräfte geht. Schließlich muss die

---

[177] Towers Perrin (2005) S. 15.

[178] Vgl. Towers Perrin (2005) S. 15.

[179] Vgl. Speck/Ryba (2004) S. 396.

[180] Towers Perrin (2005) S. 15.

Kommunikation über das Talent Management im Unternehmen sorgfältig geplant und durch-geführt werden, um die Nicht-Teilnehmenden nicht zu demotivieren.[181]

Zieltransparenz ist ebenfalls ein Punkt, welcher sich in zahlreichen Projekten als zentraler Faktor der Mitarbeiterzufriedenheit und damit der Mitarbeiterbindung herausstellt. Systemati-sche Zielvereinbarungen auf Bereichs- und Mitarbeiterebene per Balanced Scorecard oder ähnlicher Systeme sind erfolgversprechende Methoden. In diesen Gesprächen werden zwi-schen dem Mitarbeiter und der Führungskraft gemeinsam Mitarbeiterziele festgelegt. Das gewährleistet die Abstimmung aller Aktivitäten auf die Unternehmensziele. Die Zielvereinba-rungen haben qualitative und quantitative Aspekte und beinhalten neben der Basis für den variablen Vergütungsbestandteil ebenso Vereinbarungen über den Weiterentwicklungsbedarf der Mitarbeiter.[182]

Nicht nur die eigene Zielsetzung will mitbestimmt werden. Die Mitarbeiter wollen genauso bei der Entwicklung von Zielen, Visionen und Strategien für das Unternehmen miteingebun-den werden. Bei der Consol GmbH gibt es monatliche „All-Meetings", die alle Mitarbeiter in anstehende Ereignisse und Aufgaben einbeziehen. Hinzu kommt ein Ältestenrat, bestehend aus Direktoren und Fachexperten, der bei strategischen Entscheidungen mitspricht. Jeder Mitarbeiter kann an den Sitzungen des Ältestenrats durch ein Rotationsprinzip teilnehmen.[183] „Natürlich kosten solche monatlichen Treffen Zeit und bedeuten damit Kosten. Aber das positive Feedback der Mitarbeiter zeigt dem Unternehmen, dass ihnen diese Transparenz und Beteiligung sehr wichtig ist."[184]

Eine Fähigkeitsanalyse hilft einem Unternehmen, die Stärken und Schwächen seiner Mitar-beiter herauszufinden. Darauf aufbauend kann die PE gezielt Nachfolgeplanungen für wichti-ge Positionen erarbeiten und den Mitarbeitern konkrete Karriereperspektiven aufzeigen. Als Mittel dazu verwendet die PE ein Talent Management Programm, in dem die in Coachings und Mitarbeitergesprächen ermittelten Stärken und Schwächen der Mitarbeiter festgehalten werden. In der Umsetzung der PE kommen dann u.a. gezielte betriebliche Weiterbildungs-maßnahmen in Frage, auf die in Abschnitt 3 dieses Kapitels eingegangen.

---

[181] Vgl. DGFP (2004) S. 70.

[182] Vgl. Speck/Ryba (2004) S. 395.

[183] Vgl. o.V. (2008a) S. 32-33.

[184] o.V. (2008a) S. 32-33.

3.2.2. Unternehmenskultur und interne Kommunikation

Dem Begriff Unternehmenskultur werden viele Faktoren, die zur Bindung ans Unternehmen beitragen können, zugeordnet. Auf Normen und Werte einer Firma, über Image und Employer Branding bis hin zum Betriebsklima und der internen Kommunikation wird im Folgenden näher eingegangen.

Ziemlich sicher ist das, was mit *Unternehmenskultur* gemeint ist, heute deutlich besser fassbar ist als vor einigen Jahren. Die Werte und Normen eines Unternehmens haben in der Betriebswirtschaft an Bedeutung gewonnen. Mitarbeiter binden sich an die Normen und Werte, die den Geist und die Persönlichkeit eines Unternehmens ausmachen, und nicht an einen Ort oder an ein Logo. „Sie nehmen den Charakter eines Unternehmens wahr so wie sie den Charakter von Personen einzuschätzen gelernt haben"[185], erklärt Michael Müller-Vorbrüggen, geschäftsführender Direktor des Instituts für Personalführung und Management an der RWTH Aachen.

In der Frage nach der Kultur eines Unternehmens möchte der Mitarbeiter bereits vor dem Arbeitsantritt wissen, welches Image der Betrieb am Kunden- und am Arbeitsmarkt besitzt.[186] Damit sich ein Unternehmen über seine Normen und Werte klar wird und evtl. neue Ziele einfließen lässt, ist die Durchführung einer Kulturgestaltung sinnvoll: Beginnend mit einer Ist-Analyse, der Erarbeitung eines unternehmenspolitischen Leitbildes, sowie der Einführung einer zielgerichteten Informations- und Kommunikationspolitik, was wiederum eine Überarbeitung oder Neuausrichtung der Kultur nach sich zieht. Ändern kann ein Unternehmen seine Kultur ebenso über anderen Inhalte und Wege der Mitarbeiterbindung, die in diesem Kapitel erläutert werden.[187]

Ein Beispiel aus der Praxis zur Kulturgestaltung ist eine hierarchie- und bereichsübergreifende „Corporate Culture"-Fokusgruppe – ausgewählte Mitarbeiter als eine permanente Kulturentwicklungstruppe – die mit gezielten Aktionen die erwünschten kulturellen Werte und Verhaltensweisen des Unternehmens unterstützen und entwickeln. Ziel dieser Gestaltung könnte z.B. eine offene Kultur mit transparenten Kommunikationsprozessen sein, oder eine

---

[185] Müller-Vorbrüggen (2004) S. 42.

[186] Vgl. Maier (2003) S. 286.

[187] Vgl. DGFP (2004) S. 46.

soziale Kultur, in der die Vermittlung sozialer Projekte durch das Unternehmen und eine Freistellung der Mitarbeiter für diese Projekte gefördert wird.[188]

„Mehr denn je wird der Ruf eines Unternehmens von seiner Kultur und der Wertschätzung seiner Mitarbeiter geprägt. Wer beim Arbeitgeberimage Punkte macht, verschafft sich eine hervorragende Basis, um Fach- und Führungskräfte anziehen und binden zu können"[189], erklärt Winfried Gertz. Hierbei entscheidet das *Employer Branding* über die Wettbewerbsfähigkeit von Unternehmen und ihrer Existenz.[190] Unter der Bezeichnung Employer Branding versteht Astrid Szebel-Habig, Professorin im Fachbereich Betriebswirtschaft und Recht an der Fachhochschule Aschaffenburg, ein strategisches Konzept zur langfristigen Imagepflege: „Das Unternehmen wird als eine Marke gegenüber seinen externen und internen Kunden präsentiert."[191] Diese Marke steht für Qualität, Verlässlichkeit und sonstige positive Eigenschaften des Unternehmens. Derzeitige und zukünftige Arbeitnehmer sollen durch die PR-Arbeit und Instrumente der Personalabteilung so beeinflusst werden, dass positive Einstellungen zum Arbeitgeber geweckt und diese ebenso nach außen getragen werden.

Markus Gmür, Professor für Verwaltungswissenschaft an der Universität Konstanz, ergänzt, dass Employer Branding „[...] die Profilierung eines Unternehmens als Arbeitgebermarke [ist]."[192] Zudem beinhaltet es den Aufbau und die Pflege eines konsistenten und attraktiven Arbeitgeberimages. Die Kernbotschaften des Unternehmens werden über die verschiedenen Medien kommuniziert und damit Image, Nutzen und Identifikation transportiert. In der Praxis hat Wertschätzung und Anerkennung der Mitarbeiter, die sich z.B. in der Art und Weise äußern, wie sie miteinander umgehen, eine große Bedeutung. Employer Branding richtet sich sowohl an die aktuelle Mitarbeiterschaft als genauso an potenzielle Bewerber, insbesondere dann, wenn es um die Entwicklung von Alleinstellungsmerkmalen bei der Gewinnung der besten Talente geht.[193] Das Bewusstsein für diesen Zusammenhang muss sich in der Planung und Ausgestaltung aller Personalmarketingaktivitäten entsprechend widerspiegeln. Die Unternehmensleitung hat durch ihr Verhalten zentralen Einfluss auf das Mitarbeiterengagement.

---

[188] Vgl. Maier (2007) S. 31.

[189] Gertz (2004) S. 141.

[190] Vgl. Gertz (2004) S. 141.

[191] Szebel-Habig (2004) S. 45.

[192] Gmür (2002) S. 16.

[193] Vgl. Haselgruber/Brück (2008) S. 39.

Wesentlich ist es hier, Werte vorzuleben, soziale Verantwortung zu übernehmen und über die Führungskräfte bestimmtes Verhalten und Leistungen konsequent einzufordern.[194]

Vielfach geäußerte Kritik an der Kommunikation zwischen Management und Mitarbeitern macht deutlich, dass den Aspekten der menschlichen Zusammenarbeit im Rahmen von Personalentscheidungen vielfach zu wenig Bedeutung beigemessen wird. Zur Verbesserung des *Betriebsklimas* ist in diesem Zusammenhang eine stärkere Integration der Mitarbeiter in die internen Managementprozesse notwendig. Grundsätzliche Bedeutung kommt der Gestaltung der *internen Kommunikation* zu. Die entsprechenden Kriterien zeigen, dass die Mitarbeiterzufriedenheit durch eine offene und leistungsfähige interne Kommunikation wesentlich gefördert wird. Von Bedeutung sind die Transparenz der internen Zusammenhänge und die frühzeitige Einbindung in Unternehmensentscheidungen.[195]

„Offenheit leben – alle sollen es wissen", ist die Devise von Jack Welch, einem langjährigen Geschäftsführer der US-Firma General Electric, in seinem Buch „Winning". Bekanntlich führt die Einbindung vieler Beteiligter zu mehr Ideen. Jedes Unternehmen, jede Abteilung oder jedes Team erlangt durch Offenheit bzw. die Meinung vieler Mitarbeiter einen unmittelbaren Wettbewerbsvorteil. Wer Offenheit will, muss sie anpreisen und belohnen. Alle Mitarbeiter, die Interesse an Strategiemeetings zeigen, sollen teilnehmen dürfen und jederzeit aktuelle Informationen über Intranet, Mitabeitermagazine und Belegschaftsversammlungen erhalten.[196]

„Kommunikation über die Kultur des Unternehmens verstärkt die Bedeutung der Werte, die vom Top-Management vertreten werden [...]"[197], erklärt Hansjörg Weitbrecht, Professor der Soziologie an der Universität Heidelberg. Kommunikation hat damit für Unternehmenskultur eine hohe Bedeutung. Sie ermöglicht erst die Identifizierung der Mitarbeiter mit den Werten und Normen des Betriebes und deren Abgleich mit den eigenen Einstellungen als Voraussetzung für affektives bzw. emotionales Commitment. Somit sind Wahrnehmung der Werte des

---

[194] Vgl. Towers Perrin (2007) S. 17-18.

[195] Vgl. Bruhn/Grund (2008) S. 950-951.

[196] Vgl. Knoblauch/Kurz (2007) S. 122-123.

[197] Weitbrecht (2005) S. 11.

Unternehmens und Wahrnehmung der Handlungsfelder, in denen Werte verwirklicht werden, Grundvoraussetzungen für die Wirksamkeit eines Retention Managements.[198]

3.2.3. Mitarbeiterführung im Unternehmen

„People do not leave companies, people leave bosses"[199] – diese Aussage von Gerhard Maier, Geschäftsführender Gesellschafter der Unternehmensberatung Peopledynamix, deutet an, in welchem Maße die Führungsqualität die Zufriedenheit und Bindung der Mitarbeiter beeinflusst. Curt Coffman, Berater bei der Unternehmensberatung Gallup, schließt sich der These an: „Mitarbeiter verlassen schlechte Chefs."[200] Die Mitarbeiterführung zählt Coffman zu den wichtigsten Gründen für Fehlschläge bei der Mitarbeiterbindung.

Ein Vorgesetzter muss offen und zugänglich sein und verstehen, was den einzelnen Mitarbeiter motiviert. Ferner ist ein institutionalisiertes Feedback, das alle Beteiligten als gerecht und wertschätzend erleben, im Rahmen der Mitarbeiterbindung sehr wichtig ist.[201] Schließlich ist ausreichend Zeit der Führungskraft für echte Mitarbeiterführung und Kommunikation mit ihren Mitarbeitern entscheidend. Dazu zählen regelmäßige Incentive-Bürorundgänge durch den Vorstandsvorsitzenden, der diese zu ausführlichen Gesprächen zwischen Tür und Angel mit den Mitarbeitern nutzt.[202]

Die Führungskräfte in Deutschland erhalten im europäischen Vergleich gute Noten für die Bewältigung ihrer Aufgaben. Dies gilt für die direkten Vorgesetzten wie auch für die Unternehmensleitung. Trotzdem zeigen die Ergebnisse der Global Workforce Study 2007 von Towers Perrin, dass bei fast der Hälfte neutrale oder negative Beurteilungen der Führungsfähigkeiten von Vorgesetzten und Unternehmensleitung überwiegen. Hier besteht aus Mitarbeiterperspektive viel Raum für Verbesserung.[203]

---

[198] Vgl. Weitbrecht (2005) S. 11.

[199] Maier (2003) S. 277.

[200] Gloger (2001) S. 95.

[201] Vgl. Sebald/Enneking (2006) S. 41.

[202] Vgl. Maier (2007) S. 31.

[203] Vgl. Towers Perrin (2007) S. 17-18.

Aus Sicht der Mitarbeiter gelingt es der Unternehmensleitung gut, die „harten" Aufgaben zu lösen, wie z.B. das Sicherstellen des langfristigen Erfolgs der Organisation. Dagegen besteht ein deutlicher Verbesserungsbedarf bei den „weichen" Führungsthemen, wie Abbildung 10 darstellt.

Rang	Zustim-mung	Frage
Top 1	64 %	Die Unternehmensleitung meiner Organisation ergreift Maßnahmen zur Gewährleistung unseres langfristigen Erfolgs
Top 2	61 %	Die Unternehmensleitung meiner Organisation handelt im besten Interesse unserer Kunden
Top 3	53 %	Die Unternehmensleitung handelt entsprechend den Werten meiner Organisation
Flop 3	42 %	Die Unternehmensleitung meiner Organisation kommuniziert wichtige geschäftliche Entscheidungen effektiv
Flop 2	35 %	Die Unternehmensleitung meiner Organisation zeigt echtes Interesse an der Zufriedenheit und dem Wohlergehen der Mitarbeiter
Flop 1	35 %	Die Unternehmensleitung meiner Organisation kommuniziert mit den Mitarbeitern auf offene und ehrliche Weise

Abbildung 10: Wirkung der Unternehmensleitung auf die Mitarbeiter
Quelle: Towers Perrin (2007) S. 17.

So glauben nur 35 % der Mitarbeiter an ein wirkliches Interesse des Top-Managements an ihrer Zufriedenheit und ihrem Wohlergehen. Auffällig ist, dass Mitarbeiter ein Kommunikationsdefizit wahrnehmen. Sie fühlen sich über wichtige geschäftliche Themen nur unzureichend und nicht aufrichtig informiert. Mitarbeiter wünschen sich vom Top-Management mehr Aufmerksamkeit und eine offenere Kommunikation.[204]

Abbildung 11 verdeutlicht, dass es in der Wahrnehmung der Mitarbeiter dem direkten Vorgesetzten positiv gelingt, eine produktive und vertrauensvolle Arbeitsatmosphäre zu schaffen. Sie vermitteln ihren Mitarbeitern das Gefühl von Verantwortung und geben Bestätigung für erfolgreiche Leistungen. Als weniger positiv werden die Leistungen der Vorgesetzten beurteilt, wenn es um die individuelle Berücksichtigung von Stärken und Schwächen ihrer Mitarbeiter geht. Dies ist ein Aspekt, der beachtet werden sollte, da ausreichende Lern- und Ent-

---

[204] Vgl. Towers Perrin (2007) S. 17-18.

wicklungsmöglichkeiten mit Rang vier zu den bestimmenden Engagement-Treibern gehören.[205]

Rang	Zustim- mung	Frage
Top 1	61 %	Mein Vorgesetzter macht Mitarbeiter für die Erreichung ihrer Ziele verantwortlich
Top 2	60 %	Mein Vorgesetzter behandelt Mitarbeiter mit Vertrauen und Respekt
Top 3	59 %	Mein Vorgesetzter erkennt gute Arbeit an und schätzt sie
Flop 3	37 %	Mein Vorgesetzter versteht, was mich motiviert
Flop 2	37 %	Mein Vorgesetzter setzt sich mit leistungsschwachen Mitarbeitern effektiv auseinander
Flop 1	36 %	Mein Vorgesetzter bietet effektives Coaching und entwickelt gezielt Stärken der Mitarbeiter

Abbildung 11: Leistung des Vorgesetzten aus Sicht der Mitarbeiter
Quelle: Towers Perrin (2007) S. 18.

Bedeutsam ist, dass für die Motivation von Führungskräften andere Aspekte ausschlaggebend sind, als für die Motivation von Nicht-Führungskräften. Ähnliches gilt für unterschiedliche Altersgruppen im Unternehmen. Diese unterschiedlichen Bedürfnisse sollten bei dem Design von HR-Programmen entsprechend Berücksichtigung finden, d.h. dass die Mitarbeiterbindung zielgerichtet auf einzelne Personen bzw. Mitarbeitergruppen ausgerichtet werden muss.[206]

Ferner beschäftigt sich auch das IFAK Arbeitsklima-Barometer mit dem Thema Führung. So sind viele Mitarbeiter mit ihrem Vorgesetzten unzufriedener als mit der Bezahlung ihres Arbeitgebers. Knapp jeder zweite Arbeitnehmer (46 %), der in den letzten drei Jahren freiwillig den Arbeitgeber gewechselt hat, kann sich vorstellen, unter einem neuen Chef wieder für den ehemaligen Arbeitgeber zu arbeiten. Darüber hinaus hat jeder siebte Beschäftigte in

---

[205] Vgl. Towers Perrin (2007) S. 18.

[206] Vgl. Towers Perrin (2007) S. 17-18.

Deutschland (14 %) in den vergangenen zwölf Monaten aufgrund des Vorgesetzten daran gedacht, sein derzeitiges Unternehmen zu verlassen.[207]

Schuld an der geringen Verbundenheit der Mitarbeiter mit ihrem Arbeitgeber ist ein Arbeitsumfeld, das den Bedürfnissen und Erwartungen der Beschäftigten nicht gerecht wird und auf Defizite in der Mitarbeiterführung zurückzuführen ist. Hier fordert das Marktforschungsinstitut IFAK: „Um diesem entgegenzuwirken, sollten Unternehmen ihren Führungskräften und deren Führungsverhalten größere Bedeutung beimessen."[208] Führungskräfte, die auf die grundlegenden Bedürfnisse und Erwartungen der Beschäftigten am Arbeitsplatz eingehen, gelingt es deutlich besser, ihre Mitarbeiter an das Unternehmen zu binden.

Wie groß der Einfluss der Führungskräfte auf die Verbundenheit der Mitarbeiter und Mitarbeiterinnen ist, zeigt sich daran, dass Chefs bei Beschäftigten mit hoher Bindung besser wegkommen als Vorgesetzte von Beschäftigten ohne Bindung. Gebundene sind mit ihrer Führungskraft einerseits im Allgemeinen zufriedener als Ungebundene (79% zu 6%), zudem genauso mit ihrem Führungsstil/Führungsverhalten (57% zu 2%). Wenn Mitarbeiter könnten, würden 35 % der Ungebundenen ihren Chef sofort entlassen, von den Gebundenen würden dies nur 3 % tun.[209]

Marco Nink, Senior Consultant bei dem Marktforschungsinstitut IFAK in Taunusstein, folgert daraus: „Je stärker die Verbundenheit, um so größer die Wahrscheinlichkeit, dass sich ein Mitarbeiter im Sinne des Arbeitgebers verhält. Und: Je größer die Anzahl der gebundenen Personen, um so leistungsfähiger die Firma."[210] Die Tatsache, dass 85 % der Beschäftigten in Deutschland nicht voll und ganz hinter ihrem Unternehmen stehen, geht in erster Linie auf das Arbeitsumfeld zurück. Direkte Vorgesetzte sind ein erfolgskritischer Faktor, da das Arbeitsumfeld hauptsächlich in ihrem Einflussbereich liegt. Die Führungskraft prägt es in einem erheblichen Maße und hemmt durch sein Führungsverhalten häufig eine optimale Entfaltung des vorhandenen Potentials eines Mitarbeiters. Vereinfacht stellt Marco Nink dar: „Arbeitnehmer, die ihrem Vorgesetzten ein positives Gesamturteil ausstellen, erweisen sich als dem

---

[207] Vgl. IFAK-Institut (2008).

[208] IFAK-Institut (2008).

[209] Vgl. IFAK-Institut (2008).

[210] Nink (2008) S. 27.

Unternehmen deutlich verbundener als Beschäftigte, die im Hinblick auf ihre Führungskraft zu einem negativen Gesamturteil kommen."[211]

Zusammengefasst entwickelt sich das Leistungspotenzial der Mitarbeiter nur im Rahmen einer mitarbeiterorientierten Organisations- und Führungskultur. Sollen Mitarbeiter entscheidend dazu beitragen, dass ihre Unternehmen Gewinne erzielen und ihre Wettbewerbsposition verbessern, brauchen sie Bestätigung, Anerkennung, Wertschätzung und das Gefühl, mitentscheiden zu dürfen. „Sie benötigen Freiräume, um sich selbst zu entfalten, sie verdienen Führungskräfte, die sie in diesem Entwicklungsprozess stützen und fördern"[212], betont Winfried Gertz. Herrscht jedoch ein schlechtes Betriebsklima, dürfte Motivation und Engagement unter den meisten Mitarbeiter ausbleiben. Auf Anerkennung, Wertschätzung und Entscheidungsfreiheit am Arbeitsplatz geht der nächsten Faktor zur Mitarbeiterbindung ein.

3.2.4. Anerkennung und Entscheidungsfreiheit am Arbeitsplatz

Anerkennung und Entscheidungsfreiheit am Arbeitsplatz ist nur ein Auszug dessen, was für Mitarbeiter neben den materiellen Werten als Anreiz für eine nachhaltige Bindung an das Unternehmen wichtig ist. In einer weltweiten Mitarbeiterbefragung der Firma Festo im Jahr 2001 stellte sich heraus, dass die Selbstständigkeit und Eigenverantwortlichkeit der Arbeit, die damit verbundenen Entscheidungsfreiräume und der Einsatz nach Kenntnissen und Fähigkeiten, neben der Gerechtigkeit der Bezahlung, eine hohe Zufriedenheit unter den Mitarbeitern auslöst.[213] Auch die Wertschätzung und Fairness des Vorgesetzten und der Teamarbeit am Arbeitsplatz sind in diesem Zusammenhang wichtig.

Den zentralen Faktor bildet die konkrete Gestaltung des *Arbeitsplatzes* durch den Vorgesetzten. In diesem Zusammenhang sollten die Mitarbeiter über alle notwendigen Arbeitsmaterialien und technische Ausstattung verfügen. Zu einem guten Arbeitsplatz gehört ferner ein Verbesserungsvorschlagsmodell, das dem Mitarbeiter ermöglicht, selbst Ideen einzureichen und das die Mitarbeiter über umgesetzte Vorschläge informiert. Als Anreiz zur Teilnahme kann z.B. jährlich eine Verlosung einer Reise dienen. Ferner ist die Teilnahme von Mitarbei-

---

[211] Nink (2008) S. 27.

[212] Gertz (2004). S. 132.

[213] Vgl. Speck/Ryba (2004) S. 393.

tern bei unternehmensspezifischen Events zur Verbesserung der informellen Arbeitsatmosphäre (Betriebsfeiern, Tag der offenen Tür etc.) ein Praxisbeispiel zur systematischen Bindung am Arbeitsplatz.[214]

Ein weiterer Bindungsaspekt am Arbeitsplatz ist die *Teamarbeit* unter den Kollegen. Zur Erreichung einer grundsätzlichen Kollegialität unter den Mitarbeitern lohnen sich evtl. einfache Prozesse zur Teamentwicklung. Erfolgversprechend können hierbei Team-Days sein, welche die einzelnen Teams eigenverantwortlich organisieren und gestalten und für gemeinsame Aktivitäten einsetzten. Diese werden aus dem Budget der Abteilung oder vom Unternehmen bezahlt. „Vor allem bei erfolgskritischen Schlüsselteams sind professionelle Teamentwicklungsprozesse fördernswert"[215], betont Gerhard Maier. Die Consol GmbH stärkt die Bindung der Mitarbeiter durch ein System zur internen Wissensweitergabe. Kein Mitarbeiter soll nur für sich allein arbeiten, da Produktentwicklung und Projektbetreuung immer im Team geschehen. „Zudem braucht man für jeden Fachmann mindestens ein ‚Backup', also einen Kollegen der vergleichbare Fähigkeiten hat, um Ausfallzeiten abfangen zu können."[216]

Die DGFP stößt bei der Frage, welche Faktoren besonders relevant für das Bleiben, Leisten und die Loyalität von Mitarbeitern sind, auf zwei grundlegende Dimensionen: „*Fairness* als wahrgenommener Retention-Faktor berücksichtigt die Wahrnehmung der Berechenbarkeit, Transparenz und die Gerechtigkeit von Maßnahmen. *Wertschätzung* zählt die Wahrnehmung der positiven Absicht zur personenbezogenen Anerkennung und Berücksichtigung der individuellen Interessen, die den Maßnahmen zugrunde liegt, dazu."[217]

Gleichermaßen zählen nach der Überzeugung von Alison Avalos, Geschäftsführerin von dem HR-Management-Unternehmen WorldatWork in Scottsdale, Arizona, Anerkennung und Wertschätzung zu den zentralen Ansatzpunkten für die Bindung von Mitarbeitern. „Diese erwarteten nicht nur eine finanzielle Vergütung", schreibt Alison Avalos, „sondern je nach Lebensalter und Beruf ganz unterschiedliche Formen von Wertschätzung und Anerkennung."[218] Curt Coffman, Berater bei der Unternehmensberatung Gallup kritisiert die in

---

[214] Vgl. Maier (2003) S. 287

[215] Maier (2007) S. 30.

[216] o.V. (2008a) S. 32.

[217] DGFP (2004) S. 23-24.

[218] Avalos (2008) S. 52.

Deutschland in vielen Unternehmen übliche Praxis, Feedback nur ein Mal pro Jahr zu geben: „Das ist völlig unzureichend. Mitarbeiter brauchen Wertschätzung und Feedback. Sie wissen, was man von ihnen will, und bekommen Anerkennung für ihre Leistung.“[219] „Jede einzelne Führungskraft sollte sich bewusst sein, dass sie selbst schon durch wenige Elemente die Fachkräfte an das Unternehmen binden kann“[220], erklärt Christoph Kuth, Group Director Management Development bei der TMD Friction Services GmbH in Leverkusen, und versucht den Führungskräften zu zeigen, dass die Anerkennung ein Bindungsmerkmal darstellt: „Ganz wichtig ist auch, die Führungskräfte dahingehend zu schulen, dass sie ihre Mitarbeiter eigenverantwortlich arbeiten lassen. Das kann Mitarbeiter stärker binden.“[221]

„Mitarbeiter, denen vermittelt wird, dass Ihre Meinungen und Einschätzungen für das Unternehmen von Bedeutung sind, weisen einen höheren Grad an Zufriedenheit auf und identifizieren sich stärker mit dem Unternehmen“[222], zeigt die interne Mitarbeiterbefragung der Firma Festo im Jahr 2001, die in über 50 Landesgesellschaften weltweit durchgeführt wurde. Ferner verdeutlicht die Befragung, dass Aspekte wie z.B. persönliche Informationen durch die Führungskraft und ein angemessener Umgang mit Kritik und Meinungen zu Zufriedenheit führt. Chefs sollten nicht die Aufgaben ihrer Mitarbeiter vorwegnehmen. Sie sollten lieber ihre Mitarbeiter eigenständig arbeiten lassen und ihnen für ihre Aufgaben Ziele setzen. Zudem empfinden Mitarbeiter eine ständige Kontrolle als negativ. Dagegen ist ein gewisses Maß an Entscheidungsfreiheit für das Personal sehr wichtig.[223]

Das Great Place to Work Institut umschreibt den Arbeitsplatz als einen Ort, an dem der Arbeitnehmer dem Arbeitgeber vertraut, stolz auf seine Arbeit ist und Freude an der Zusammenarbeit mit anderen hat.[224] Dazu zählt intakte interne Kommunikation, respektvolle Behandlung untereinander, angenehme Kultur, Zusammenhalt im Team und eine stolze Verbundenheit der Mitarbeiter gegenüber dem Unternehmen. In Abbildung 12 sind alle Faktoren eines freundlichen Arbeitsplatzes übersichtlich aufgelistet.

---

[219] Gloger (2001) S. 95.

[220] Kuth (2008) S. 21.

[221] Kuth (2008) S. 21.

[222] Speck/Ryba (2004) S. 394.

[223] Vgl. Gloger (2001) S. 95.

[224] Vgl. Great Place to Work Institute (2008).

Abbildung 12: Great Place to Work Modell
Quelle: Great Place to Work Institute (2008).

Die Wahrnehmung der Retention-Faktoren (Anerkennung, Wertschätzung, Fairness usw.) durch die Mitarbeiter am Arbeitsplatz macht Mitarbeiterbindungsmaßnahmen bei der Gestaltung und Einführung wirksam. Mittels Kommunikation werden die Werte, die dem Handeln des Unternehmens zu Grunde liegen, sichtbar. Zudem wird den Mitarbeitern ermöglicht, diese Unternehmenswerte mit ihren eigenen abzugleichen. Deshalb sind für die DGFP Unternehmenskommunikation und die explizite Gestaltung der Unternehmenskultur[225] auf der Grundlage der beschriebenen Bindungsfaktoren Voraussetzungen für ein strategisches Retention Management.[226]

---

[225] Vgl. hierzu ”Unternehmenskultur und interne Kommunikation” in Kap. III.

[226] Vgl. DGFP (2004) S. 16-17.

3.2.5. Vergütungssysteme als Bindungselemente

Die Bindewirkung monetärer Anreize wird in den meisten Fällen überschätzt, denn unzufriedene Mitarbeiter sind auch mit mehr Geld nicht zu halten. Zufriedene Mitarbeiter wollen anständig bezahlt sein, aber sie denken nicht jeden Tag ans Geld – und bleiben auch dann treu, wenn sie andernorts vielleicht mehr bekommen könnten.[227] Laut Gerhard Maier spielt die *Gesamtvergütung* aus der Praxiserfahrung heraus eine geringere Bedeutung für die Mitarbeiterzufriedenheit, als ihr häufig zugedacht wird. Dennoch kann ein Unternehmen für die Bindung wichtige Akzente setzen.[228] Stimmt die Vergütung nicht, lässt sich dies nur schwer durch ein positives Arbeitsumfeld oder gute Lern- und Entwicklungsmöglichkeiten kompensieren.[229] Darüber hinaus stellen Peter Speck und Andreas Ryba, beide Personalleiter bei der Festo AG & Co. KG in Esslingen, fest: „Eines der grundlegendsten Motivationsinstrumente bleibt auch in Phasen eines Wertewandels und der Work-Life-Balance nach wie vor ein attraktives Entgelt bzw. ein Vergütungspaket."[230] Eine angemessene und leistungsgerechte Vergütung gilt bei der Firma Festo als Vorraussetzung für eine nachhaltige Bindung des Mitarbeiters.

Nun stellt sich die Frage, welche Gesamtvergütungsstruktur aufgebaut und in welchem Maße durch Sozial- und Nebenleistungen auf die individuellen Bedürfnisse der Mitarbeiter eingegangen werden muss. Welche mittel- bis langfristigen variablen Gehaltsbestandteile unterstützen die Bindung erfolgskritischer Mitarbeiter? Gesamtvergütungssysteme mit lebensphasenorientierten Kernelementen können laut Gerhard Maier sinnvoll sein: „Das Verhältnis der festen und variablen Vergütungselemente kann von jedem Mitarbeiter selbst bestimmt werden, mit entsprechenden Chancen und Risiken für denselben je nach Entscheidung; die Nebenleistungen werden ebenfalls nach individuellem Bedarf per Cafeteriasystem von den Mitarbeitern selbst bestimmt."[231] Ein Cafeteriasystem funktioniert in der Firma Festo folgendermaßen: Komponenten des Cafeteriasystems wie Grundvergütung, Teamvergütung, Erfolgsbeteiligung, Altersvorsorge oder Dienstwagen ermöglichen es dem Mitarbeiter individuell seine Bedürfnisse durch die Verwendung seines Gehalts in der Gegenwart (Dienstwagen)

---

[227] Vgl. Gloger (2001) S. 95.

[228] Vgl. Maier (2003). S. 291.

[229] Vgl. Sebald/Enneking (2006) S. 42.

[230] Speck/Ryba (2004) S. 390.

[231] Maier (2003). S. 291-292.

oder für die Zukunft (Altersvorsorge) auszugestalten. Oft wollen junge Mitarbeiter mehr Geld verdienen, ältere hingegen achten auf ihre Altersvorsorge. Hierbei kann der Arbeitnehmer laut Peter Speck und Andreas Ryba „[...] dynamisch auf veränderte Situationen eingehen und eine Aktualisierung bzw. Anpassung (z.B. bei der betrieblichen Altersvorsorge hinsichtlich des Bruttoverzichts) vornehmen."[232]

Der Wirtschaftsjournalist Axel Gloger betont, dass das Bindungsinstrument „Geld" bei den echten Abwanderungsgründen nicht unter den Top fünf ist: „Motive, einen Arbeitgeber zu verlassen, haben immer etwas damit zu tun, dass menschlich etwas nicht stimmt oder etwas beim Feedback hapert."[233] Wie der Towers Perrin-Berater Andreas Enneking erläutert, „[...] ist das Gefühl, etwas bewegen zu können, den Menschen wichtiger, als das, was bei ihnen auf dem Gehaltszettel steht, vorausgesetzt die Mitarbeiter halten sich nicht für grob unterbezahlt."[234] Towers Perrin legt dar, dass ausreichende Entscheidungsfreiheit, Selbstständigkeit und die Möglichkeit, aktiv die Arbeitsprozesse mitzugestalten, weitaus wichtigere Faktoren sind um Mitarbeiter langfristig zu binden.[235] „Dagegen dienen ambitionierte Gehaltsstrukturen, aufwendige Prämien- und Bonus-Systeme und andere variable Vergütungsmechanismen als Grundlage eines Vergütungssystems und lassen sich zudem von Wettbewerbern schnell kopieren"[236], betonen Lars Reppesgaard und Martin Bialluch, beide von Beruf Journalisten aus Hamburg.

Ein weiteres Instrument innerhalb der Vergütungssysteme ist die *Mitarbeiterbeteiligung*. Der Einsatz von Beteiligungen am Unternehmenserfolg oder von Instrumenten der betrieblichen Altersvorsorge, stärkt die Identifikation des Mitarbeiters mit seinem Betrieb. So beteiligen sich die Mitarbeiter bei dem Medizintechnik-Unternehmen Stryker in Duisburg mit einem Teil ihres Gehalts am Unternehmen und der Arbeitgeber gibt einen Zuschuss dafür. Der Betrag wird pro Jahr fest mit 6 % verzinst. Dieses Instrument wurde laut dem Medizintechnik-Unternehmen Stryker in Duisburg „[...] explizit zu einer Zeit etabliert, wo viele andere

---

[232] Speck/Ryba (2004) S. 392.

[233] Gloger (2001) S. 95-96.

[234] Sebald/Enneking (2006) S. 41.

[235] Vgl. Sebald/Enneking (2006) S. 41.

[236] Reppesgaard/Bialluch (2008) S. 22-23.

Unternehmen die betriebliche Altersvorsorgung auf Eis gelegt oder ganz abgeschafft haben."[237] Inzwischen nutzen über 60 % der Duisburger Mitarbeiter das Angebot.

Studien belegen, dass die Vergütung nicht die entscheidende Bedeutung bei der Arbeitszufriedenheit der Mitarbeiter hat. Die Aussage: „Wer für Geld kommt, geht auch für Geld!", trifft immer häufiger zu, auch dann, wenn keine klare Unterbezahlung vorliegt. „Natürlich reizen auch die finanziellen Vorteile, aber die Erfahrung zeigt auch, dass gerade Anerkennung, Prestige und Stolz für die Mitarbeiter sehr wichtige Dinge sind, die einen großen Effekt auf die einzelnen Mitarbeiter haben"[238], erklärt Christoph Kuth. Das nächste Bindungsinstrument, das in den USA bereits sehr beliebt ist und in Deutschland an Aufmerksamkeit gewinnt, ist die Work-Life-Balance der Mitarbeiter.

3.2.6. Work-Life-Balance der Mitarbeiter

Ein weiterer Weg der Mitarbeiterbindung führt über eine sinnvolle Beeinflussung der Work-Life-Balance, d.h. das Unternehmen hilft dem Mitarbeiter bei der Gestaltung des Gleichgewichts zwischen Arbeits- und Privatleben. Dazu zählen allgemeine Serviceleistungen, die das Unternehmen dem Mitarbeiter zur Verfügung stellt und eine familienspezifische Ausrichtung des Betriebes. Außerdem stellt das Arbeitgeberinteresse an der Arbeitseinsatzgestaltung und der Gesundheit aller Mitarbeiter eine bindungswirkende Maßnahme dar. Wie bereits in den Studien in Abschnitt 1 dieses Kapitels festgestellt wurde, kommt der Trend der Work-Life-Balance aus den USA und gewinnt in Europa und speziell in Deutschland an Bedeutung. Auf einzelne Themenfelder wird im Folgenden näher eingegangen.

Serviceleistungen sind Angebote an individuellen Sozial- und Nebenleistungen, die den Mitarbeitern eine bessere Vereinbarkeit von geschäftlichen und privaten Angelegenheiten ermöglichen. Hierzu zählt Gerhard Maier einen „[...] Best Boy-Service, der allen Mitarbeitern in einem gewissen Rahmen eine Dienstleistungskraft zu unterschiedlichen privaten Erledigungen bereitstellt (Lebensmitteleinkauf, Reinigungsabgabe/-abholung, Post- und Behördengänge, Werkstattbesuch etc.)."[239] In Großbritannien und den USA nehmen solche Erledi-

---

[237] o.V. (2008) S. 30.

[238] Kuth (2008) S. 20.

[239] Maier (2003) S. 287-288.

gungsdienste für Mitarbeiter stark zu: Das Unternehmen kümmert sich um die Autoinspektion ebenso wie um eine Passverlängerung, es arrangiert Arzttermine oder besorgt Theaterkarten. Fortschrittliche Unternehmen unterstützen ihre Mitarbeiter beim Finden von Babysittern oder Betreuungspersonen für pflegebedürftige Angehörige. Dieser Trend entwickelt sich laut dem Wirtschaftsjournalisten Axel Gloger ebenso auf dem europäischen Festland.[240] Ebenso sind unternehmensinterne Beratungsangebote zur betriebliche Altersvorsorge, Invaliditäts- und Todesversicherungen oder Finanzierungsangebote gezielte Serviceangebote, die ein Unternehmen ihren Mitarbeitern bereitstellen kann.[241]

Der Umgang des Unternehmens mit der *Gesundheit* seiner Mitarbeiter rückt unter den Serviceleistungen zusehends in den Mittelpunkt, sowohl von Unternehmens- als auch der Mitarbeiterseite. Hierbei müssen sich die Unternehmen fragen, welche gesundheitsfördernden Maßnahmen (medizinische und ergonomische Untersuchungen, Massagen am Arbeitsplatz, Fitnessstudio etc.) es seinen Mitarbeitern zur Verfügung stellt. Laut Gerhard Maier ist z.B. ein Krankheits-Rückkehrgespräch bei Rückkehr von Langzeitkranken eine Aufmerksamkeit des Vorgesetzten, die dem Mitarbeiter seine Bedeutung gegenüber dem Unternehmen zeigt.[242] Die Firma Festo treibt der Aufbau eines betrieblichen Gesundheitsmanagements stark voran. Neben der direkten Personalführung sind diese indirekten Maßnahmen ein Ausdruck der Wertschätzung der Mitarbeiter.[243]

Ebenfalls zur Work-Life-Balance zählen die Aspekte, die den *Arbeitseinsatz* eines Mitarbeiters kennzeichnen. Welche Überstundenregelungen, Teilzeitlösungen, Sabbaticals und Lebensarbeitszeitkonzepte kommen in Unternehmen zum Einsatz? Wie steht es mit ortsunabhängigen Arbeitsplatzangeboten für einzelne Mitarbeiter? Gerhard Maier sieht ein erfolgreiches Beispiel hierzu in flexiblen Teilzeit- und Home-Office-Regelungen für junge Mütter und Väter zwischen 0 und 75 %. Ebenso trägt der Einsatz von Palm & Mobiltelefon zur gezielten Arbeitsortflexibilisierung und systematischen Bindung im Bereich Work-Life-Balance bei.[244] Anerkennung erwarten laut dem Wirtschaftsjournalisten Axel Gloger die viel arbeitenden Manager heute in anderer Form als Geld. Zeitentschädigung wäre nützlicher, da Samstags-

---

[240] Vgl. Gloger (2001) S. 98.

[241] Vgl. Maier (2007) S. 32.

[242] Vgl. Maier (2003) S. 288.

[243] Vgl. Speck/Ryba (2004) S. 394.

[244] Vgl. Maier (2007) S. 33.

Arbeit unter den Führungskräften nicht die Ausnahme ist. In diesem Fall ist es sinnvoller, wenn das Unternehmen mit flexiblen Angeboten die Verbindung von Berufs- und Privatleben vereinfacht. Um fähige Mitarbeiter langfristig zu halten fordert Axel Gloger von Unternehmen, phasenweise die Option für Teilzeitarbeit, 30-Stunden-Wochen und flexible Arbeitszeitkonten anzubieten. Zudem werden sich Teleworking-Modelle, etwa drei Tage im Büro, zwei weitere zu Hause, in vielen Fällen als sinnvoller Weg erweisen, um einem Mitarbeiter mit Familie an das Unternehmen zu binden.[245]

Zum Wunsch von attraktiven Arbeitszeiten gehören Gleitzeitkonten, bei denen die Mitarbeiter in einem nach oben offenen Kurzzeitkonto eine Zeitschuld bis max. 30 Sollarbeitstage anhäufen können. Darüber hinaus kann die Länge der Arbeitszeit bei der Firma Festo flexibel gestaltet werden und mit Absprache der Führungskraft eine Teilzeit-Arbeitszeit vereinbart werden. Bei außertariflichen Mitarbeitern ist zudem die Vertrauensarbeitszeit eine Möglichkeit, bei der im Rahmen der Aufgabenstellung die Mitarbeiter ihre Arbeitszeiten weitestgehend selbst gestalten. „Selbstverantwortung in Form von Selbststeuerung, Selbstorganisation und eigenverantwortliches Arbeiten nach den Leitlinien der lernenden Organisation der Firma Festo sind hier Grundvoraussetzungen für den Erfolg", betonen Peter Speck und Andreas Ryba und fügen hinzu, dass ebenso „[...] feste Vertrauensbasis, partnerschaftliches Zusammenarbeiten und konkrete Aufgabenstellungen in Form von Zielvereinbarungen [...]"[246] dazu beitragen, dass die Arbeitszeit auf Vertrauen funktioniert. Diese Maßnahme drückt zudem die Anerkennung und Wertschätzung des Mitarbeiters aus, die zu einer stärkeren Mitarbeiterzufriedenheit führt.

Manager und Führungskräfte kommen mit der Arbeitslast besser zurecht, wenn ihnen gelegentlich ein Ausstieg auf Zeit mit Hilfe eines *Sabbaticals* gewährt wird. Bei der Deutschen Bank können Mitarbeiter sowohl Überstunden als auch Teile des Gehalts auf ein Konto einzahlen. Die Stundenguthaben werden in Geld geführt, indem die Überstunden in Lohn umgerechnet werden. Abgehoben wird das Geld in Zeit. So kann ein Mitarbeiter, der genug angespart hat, ein bezahltes Sabbatical zwischen einem Monat und einem Jahr nehmen.[247] „Für uns ist das Sabbatical ein Instrument, das uns hilft, den Kampf um Talente zu gewinnen

---

[245] Vgl Gloger (2001) S. 96-97.

[246] Speck/Ryba (2004) S. 390.

[247] Vgl. Gloger (2001) S. 98.

– die bei uns im Haus und die auf dem Markt"[248], sagt Heinz Fischer, Bereichsvorstand Personal des Geldinstituts. In den USA sind Sabbaticals weit verbreitet: Der Arbeitnehmer bezieht in der Regel für die Zeit seiner Abwesenheit weiterhin sein volles Gehalt, das er durch Verzicht auf einen Teil seines regulären Lohns im Vorfeld angespart hat.[249]

In Bezug auf die *Familienfreundlichkeit* sind Maßnahmen, wie die betrieblich oder über einen Dienstleister organisierte Kinderbetreuung und die aktive Reintegration von Eltern nach dem Erziehungsurlaub, hervorzuheben. Wie unterstützen Unternehmen die Vereinbarkeit von Familie und Beruf? Sind die Arbeitszeiten flexibel genug, damit der Mitarbeiter genügend Spielraum für familiäre Aktivitäten hat?[250] Nur 14 % der deutschen Unternehmen machen ihren Mitarbeitern mit Familien spezielle Angebote. Zu diesem Ergebnis kommt eine Umfrage des Online-Stellenportals Stepstone. Von den über 3100 deutschen Befragten sagten 59 %, ihre Arbeitgeber bieten keine familienfreundlichen Lösungen an. Immerhin bemüht sich jedes dritte Unternehmen um spezielle Lösungen für Mütter und Väter.[251] „Schließlich trägt eine familienfreundliche Unternehmenspolitik dazu bei, sich als attraktiver Arbeitgeber zu profilieren und somit neue Mitarbeiter anzuwerben und bestehende zu binden."[252]

Weiterhin ist für den Wirtschaftsjournalisten Axel Gloger das Thema Teilzeit- und andere Flexibilitätskonzepte für die Familienfreundlichkeit im Betrieb von großer Bedeutung. Für die Bindung von Frauen und Familienvätern ist dies wichtig. In der Zeit, in der die Kinder klein sind, lohnt es sich für ein Unternehmen, sich entgegenkommend zu zeigen. „Firmen, die ihren Mitarbeitern nur die Wahl zwischen 100 % oder null Arbeit lassen, sind auf dem falschen Weg", warnt Rekrutierungsexperte Bruce Tulgan und stellt klar: „Wer hier keine anderen Optionen anbietet, hat gute Mitarbeiter für immer verloren."[253] Modelle zur Arbeitszeitflexibilisierung gibt es wie oben beschrieben viele: 30-Stunden-Wochen, flexible Arbeitszeitkonten, Teleworking usw. Die Einführung und Umsetzung dieser liegt im Verantwortungsbereich des Vorgesetzten bzw. der Unternehmensleitung.

---

[248] Gloger (2001) S. 98.

[249] Vgl. Weinert (2008) S. 296.

[250] Vgl. Maier (2003) S. 287-288.

[251] Vgl. o.V. (2008c) S. 68.

[252] o.V. (2008c) S. 68.

[253] Gloger (2001) S. 96.

Aufstiegs-, Weiterbildungs- und Entwicklungsmöglichkeiten, Unternehmenskultur und interne Kommunikation, Mitarbeiterführung im Unternehmen, Anerkennung und Entscheidungsfreiheit am Arbeitsplatz, Vergütungssysteme und die Work-Life-Balance sind die sechs großen Bereiche der Inhalte und Wege der Mitarbeiterbindung. Sie sind den Mitarbeitern und den Unternehmen in Deutschland am Wichtigsten, um ein Gefühl der Verbundenheit des Mitarbeiters zu erreichen. Dem Personalmanagement kommt damit in Betrieben eine wachsende Bedeutung zu. Insbesondere in der PE ist die betriebliche Weiterbildung des Personals, wie die Studien oben zeigen und die nächsten Abschnitte näher erläutern, ein entscheidendes Instrument bei der Mitarbeiterbindung.

3.3. Betriebliche Weiterbildung in Deutschland

Wie bereits in den „Aufstiegs-, Weiterbildungs- und Entwicklungsmöglichkeiten" am Anfang des Kapitels III erläutert wurde, sind die Weiterbildungswege für die Bindung an ein Unternehmen sehr wichtig. Die betriebliche Weiterbildung gehört zu diesen Maßnahmen und wird im Folgenden näher beschrieben.

3.3.1. Definition der betrieblichen Weiterbildung

„Die Fortbildung soll es ermöglichen, die beruflichen Kenntnisse und Fertigkeiten zu erhalten, zu erweitern, der technischen Entwicklung anzupassen oder beruflich aufzusteigen"[254], so definiert das Berufsbildungsgesetz (BBiG) den Begriff Fortbildung. Über Weiterbildung sprechen dieser gesetzlichen Vorgaben nicht. Angesichts dessen hat zu Beginn der siebziger Jahre der Deutsche Bildungsrat die Weiterbildung als „Fortsetzung oder Wiederaufnahme organisierten Lernens [...]"[255] definiert, die sich an die erste Phase der beruflichen Ausbildung anschließt.[256]

---

[254] § 1 Abs. 3 BBiG.

[255] Deutscher Bildungsrat (1970) S. 187.

[256] Vgl. Grüner (2000) S. 6.

Im Gegensatz zur Berufsausbildung, die eindeutig im § 1 Abs. 2 BBiG definiert ist, werden die beiden Begriffe Fortbildung bzw. Weiterbildung im Sprachgebrauch nicht durchgängig einheitlich definiert. Fortbildung versteht sich oftmals als die Aktualisierung von Wissen, Kenntnissen, Fertigkeiten und Fähigkeiten, während Weiterbildung als Erweiterung dieser Bildungsbestandteile gesehen wird, um beruflich aufzusteigen.[257] Das BBiG schreibt von Fortbildung und Umschulung, Weiterbildung ist nicht erwähnt. Davon abgesehen sieht Rüdiger Falk, Professor für allgemeine Betriebswirtschaft an der Fachhochschule Koblenz, die Weiterbildung im Arbeitsbuch „Betriebliches Bildungsmanagement" als „[...] jedes Bildungsgeschehen, das zeitlich der Berufsausbildung oder einer vergleichbaren Bildung nachgeordnet ist und auf bereits vorhandenen Kenntnissen aufbaut, die sowohl durch eine Ausbildung im weitesten Sinne als auch durch Erfahrungen erlangt sein kann."[258]

Die weitgehende Unreglementiertheit von Weiterbildung hat den Vorteil, dass umfassende Gestaltungsspielräume nach Art, Inhalten, Teilnehmern, Didaktik und Methodik bestehen und dies zu einer großen Vielfalt an Angeboten geführt hat. Beispiele hierfür sind Weiterbildungsmöglichkeiten in Industrie- und Handelskammern, an Verwaltungs- und Wirtschaftsakademien und an Hochschulen. Folge dessen entsteht jedoch ein Nachteil bei der Anerkennung und Vergleichbarkeit der Angebote.[259]

Zur Vereinfachung verwendet diese wissenschaftliche Arbeit im weiteren Verlauf den Begriff der Weiterbildung, der die Gebiete der Umschulung und der Aufstiegs- und Anpassungsfortbildung beinhaltet. Weiterbildung ist damit Bildung, welche der Einzelne erwirbt, um sein Wissen, seine Kenntnisse, Fertigkeiten und Fähigkeiten zu erweitern, und beruflich aufzusteigen.[260] Je nachdem, ob sie selbst bzw. vom Betrieb organisiert wird, handelt es sich um eine allgemeine bzw. berufliche/betriebliche Weiterbildung. Betriebliche Weiterbildung beinhaltet Maßnahmen, die vom Unternehmen ausschließlich für seine Arbeitnehmer ausgerichtet sind, auf Wunsch des Betriebs durchgeführt werden und bei denen Unternehmen die Kosten übernehmen.[261]

---

[257] Vgl. Bunk/Stenzel (1990) S. 180; Dobischat/Lipsmeier (1991) S. 345; Grüner (2000) S. 6.

[258] Falk (2000) S. 126.

[259] Vgl. Falk (2000) S. 159-160.

[260] Vgl. Grüner (2000) S. 6.

[261] Vgl. Falk (2000) S. 161.

Die Entscheidung für oder gegen die berufliche Weiterbildung in Betrieben hängt zunehmend davon ab, ob sie ein geeignetes Instrument der PE ist.[262] In der Literatur ist die PE nur ungenau von der betrieblichen Weiterbildung abgegrenzt. „Aus Sicht der Betriebswirtschaftlehre, insbesondere der Personalwirtschaftslehre, ist die Personalentwicklung die Gesamtheit aller Maßnahmen zur Verbesserung der Mitarbeiterqualifikation"[263], erklärt Klaus Olfert, Professor für Personalwirtschaft an der HTWK Leipzig. Nach dieser Aussage ist PE der Oberbegriff für Mitarbeiterentwicklung, dem Weiterbildung als Instrument zugeordnet ist. Operativ umfasst die PE damit Aufstiegs- und Anpassungsfortbildung und damit wesentliche Bestandteile der Weiterbildung.[264]

Allgemein differenziert Rüdiger Falk zwischen der am Einzelnen orientierten PE, welche die Weiterbildung im engeren Sinn beinhaltet, der gruppenorientierten PE bzw. Teamentwicklung, und der Organisationsentwicklung, die das ganze Unternehmen einbezieht.[265] Im weiteren Verlauf geht die Facharbeit näher auf die betriebliche Weiterbildung ein, die am einzelnen Mitarbeiter orientiert ist. Welche Wege und Ziele die betriebliche Weiterbildung im Unternehmen kennt, wird im nächsten Abschnitt erläutert.

3.3.2. Wege und Ziele der betrieblichen Weiterbildung

Welche Wege der betrieblichen Weiterbildung gibt es? Zunächst ist eine fachliche Weiterqualifizierung notwendig. Wer auf seinem Fachgebiet fortwährend auf dem Laufenden bleibt, hält Schritt und entwickelt sich zudem beruflich weiter. Es geht genauso um Fähigkeiten, die überall in der Arbeitswelt an Bedeutung gewinnen. Hierzu zählen z.B. die so genannten Soft Skills wie Team- und Konfliktfähigkeit oder die Fähigkeit zur kreativen Problemlösung. Nicht zuletzt müssen die Menschen gefördert werden, die schlechtere Startchancen haben als andere und deshalb besondere Unterstützung brauchen.[266]

---

[262] Vgl. Falk (2000) S. 316.

[263] Olfert (1993) S. 49.

[264] Vgl. Falk (2000) S. 316.

[265] Vgl. Falk (2000) S. 321-322.

[266] Vgl. BMBF (2001) S. 2.

Möglichkeiten für die betriebliche Weiterbildung gibt es viele: Vorträge, Lehrgänge, Seminare, Workshops etc. Sie werden von einer Vielzahl von Weiterbildungsträgern wie Kammern, Volkshochschulen, Gewerkschaften, gemeinnützigen und privaten Einrichtungen und anderen angeboten. Diese Fülle an Weiterbildungseinrichtungen trägt zur Angebotsvielfalt bei und wird damit den unterschiedlichen Bedürfnissen und Anforderungen der Weiterbildungsteilteilnehmer gerecht.[267]

Die organisierte Weiterbildung nimmt je nach Bedürfnis und Zielsetzung viele Formen an. Wie in der Definition der betrieblichen Weiterbildung erwähnt, beinhaltet diese die Gebiete der Umschulung, Aufstiegs- und Anpassungsfortbildung. Weiterbildung reicht vom Erwerb einzelner Fähigkeiten und Kompetenzen bis zu anerkannten Abschlüssen. Sie kann berufsbegleitend oder in Vollzeit stattfinden, im eigenen Beruf weiterbilden, Voraussetzung für den beruflichen Aufstieg sein oder zu einer anderen Berufstätigkeit hinführen. „Fernunterricht ist eine besondere Form der Weiterbildung, bei der Lehrende und Lernende ausschließlich oder überwiegend räumlich getrennt sind, der Lernerfolg aber vom Lehrenden überwacht wird"[268], erklärt das Bundesministerium für Bildung und Forschung (BMBF). Fernunterricht eröffnet somit alle Möglichkeiten, welche genauso die Weiterbildung vor Ort bietet, von Einzelseminaren bis hin zu Studienabschlüssen oder einer Umschulung. Darüber hinaus ist Fernunterricht eine besondere Chance für Alleinerziehende, denen die Zeit für die Teilnahme an Präsenzkursen fehlt oder die ihre Lernzeit frei einteilen wollen.[269]

Je nach Karrieremuster gibt es unterschiedliche Ziele der betrieblichen Weiterbildung. Der Begriff „Karriere" ist angesichts veränderter Organisationsstrukturen in Betrieben immer häufiger als Aufgabenerweiterung zu sehen. Grundsätzlich hängt für die Mitarbeiter die Attraktivität der Weiterbildungsmaßnahme meist von den Karrieremöglichkeiten und den damit verbundenen beruflichen Verbesserungen ab. Dies kann eine Aufstiegs- und genauso gut eine Anpassungsfortbildung sein.[270]

Pütz gibt in seiner Publikation „Berufsbildung – Berufsausbildung – Weiterbildung" einen Überblick über die häufigsten Ziele der Teilnehmer an Weiterbildungsmaßnahmen in Unter-

---

[267] Vgl. BMBF (2001) S. 2-3.

[268] BMBF (2001) S. 3.

[269] Vgl. BMBF (2001) S. 3.

[270] Vgl. Falk (2000) S. 322-323.

nehmen. Dabei zeigt Abbildung 13 deutlich, dass „angestrebter beruflicher Aufstieg" als Hauptziel der Teilnehmer deutlich weniger erreicht wird als „finanzielle Verbesserung". Das bedeutet, dass Mitarbeiter durch betriebliche Weiterbildung tendenziell mehr Geld verdienen, anstatt beruflich aufzusteigen. Darüber hinaus sind die Sicherung des Arbeitsplatzes und die Vertiefung beruflicher Kenntnisse weitere Ziele, die Teilnehmer an Weiterbildungsmaßnahmen versuchen zu erreichen.[271]

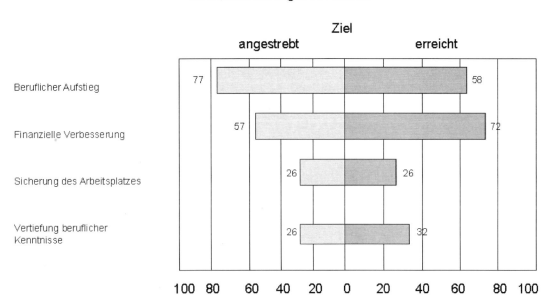

Abbildung 13: Ziele der Teilnehmer an Weiterbildungsmaßnahmen
Quelle: Pütz (2003) S. 21.

Erforderliche Voraussetzung für die Durchführung von betrieblichen Weiterbildungsmaßnahmen ist die systematische Erfassung und Analyse der notwendigen Qualifikationen und Potentiale der Mitarbeiter.[272] Diese Kenntnisse können über Mitarbeitergespräche ausfindig gemacht und in Datenprogrammen festgehalten werden. Untersuchungen zeigen zudem, dass mit gegenseitigen Schulungen von Kollegen, nötige Anpassungsqualifizierungen effektiver

---

[271] Vgl. Pütz (2003) S. 21.

[272] Siehe dazu auch „Aufstiegs-, Weiterbildungs- und Entwicklungsmöglichkeiten" in Kapitel III.

und kostengünstiger durchgeführt werden können.[273] Dies ist zudem in wirtschaftlich schlechteren Zeiten eine Möglichkeit, Einsparungen vorzunehmen, ohne die betriebliche Weiterbildung zu vernachlässigen. Die Wege und Ziele der betrieblichen Weiterbildung in Deutschland sind zahlreich. Doch es stellt sich die Frage, ob diese ausreichend genutzt werden. Dazu werden im Folgenden Studien zur Teilnahme an betrieblichen Weiterbildungsmaßnahmen untersucht.

3.3.3. Studien zur Teilnahme an betrieblichen Weiterbildungsmaßnahmen

85% der Befragten einer Studie sind sich der Bedeutung betrieblicher Weiterbildung als Beitrag zum lebenslangen Lernen ihrer Mitarbeiter bewusst. Gleichzeitig erkennen die Verantwortlichen für Weiterbildung die Belastungen, die sich aus dem Konzept des „Lebenslangen Lernens" für ihre Mitarbeiter ergeben. Schließlich betonen ebenso viele Befragte bei aktivem „Lebensbegleitenden Lernen" die immer häufigere Mehrfachbelastung durch Arbeit, Familie und Lernen. Dies sind Ergebnisse einer Untersuchung, die das Bundesinstitut für Berufsbildung (BIBB) im Auftrag des Bundesministeriums für Bildung und Forschung im Jahr 1999 durchgeführt hat. Im Rahmen der von der Europäischen Kommission finanzierten CVTS-II-Befragung wurden 10.000 Unternehmen in Deutschland (europaweit etwa 90.000 in 25 Ländern) zu ihren Weiterbildungsaktivitäten befragt. Ergänzend hierzu wurden 474 weiterbildende Betriebe in Deutschland interviewt, welche Auswirkungen Strukturwandel und Globalisierung auf das lebenslange Lernen der Belegschaft und auf die zunehmende Eigenverantwortung der Weiterbildungsteilnehmer für den Aufbau und Erhalt ihres Wissens haben.[274]

Ferner zeigen die europäischen Vergleichsdaten, dass deutsche Unternehmen ihre betriebliche Weiterbildung auf relativ wenig Beschäftigte und auf kurzfristige Anpassungsmaßnahmen konzentrieren. Nutznießer dieser Weiterbildung sind zumeist Fach- und Führungskräfte und weniger die breite Belegschaft in einem Unternehmen. Darüber hinaus ist die Planung und Durchführung der betrieblichen Weiterbildung in Firmen ebenfalls nur europäisches Mittelmaß.[275]

---

[273] Vgl. Falk (2000) S. 317.

[274] Vgl. BIBB (2008a).

[275] Vgl. BIBB (2008) und Grünewald/Morall/Schönfeld (2003).

Selbst wenn die Situation der betrieblichen Weiterbildung in Deutschland international ver-gleichsweise schlecht ist, sehen die Unternehmen hierzulande doch die Wichtigkeit des le-bensbegleitenden Lernens. Die Ergebnisse der Zusatzerhebung zu dieser Studie in Deutsch-land zeigen, dass sich 32 % der Bedeutung der Weiterbildung bewusst sind und diese für unverzichtbar halten. Weitere 53 % sehen die Wichtigkeit des lebensbegleitenden Lernens. Für sie stehen aber betriebliche Ziele im Vordergrund.[276]

Die dritte europäische Erhebung zur betrieblichen Weiterbildung in Jahr 2005 (CVTS-III) ermöglicht, die Situation in Deutschland mit der in anderen europäischen Staaten zu verglei-chen und Veränderungen zu 1999 (CVTS II) aufzuzeigen. Bei einigen wichtigen Kennziffern sind in Deutschland Rückgänge zu verzeichnen: So nimmt der Anteil weiterbildender Unter-nehmen und der Anteil der Firmen, die Weiterbildung in Form von Kursen und Seminaren anbieten, von 75 % auf 69 % ab. Ebenfalls sinkt der Anteil der Beschäftigten, die an betriebli-chen Weiterbildungskursen teilnahmen, leicht von 32 % auf 30 %, und die finanziellen Auf-wendungen der Unternehmen für diese sind deutlich rückläufig. Allein die Zahl der Weiter-bildungsstunden je Beschäftigtem bleibt stabil.[277]

Schließlich bestätigt eine weitere Studie aus dem Jahr 2006 die niedrigen Teilnehmerzahlen an betrieblichen Weiterbildungsmaßnahmen. Das Berichtssystem Weiterbildung 9 (BSW IX) vom Bundesministerium für Bildung und Forschung in Deutschland zeigt, dass die Weiterbil-dungsteilnahme der 19- bis 64-Jährigen an betrieblicher Weiterbildung von 29 % in 2000 auf 26 % in 2003 gesunken ist, wie Abbildung 14 grafisch darstellt. Als Teilnehmer an betriebli-cher Weiterbildung gilt, wer an einer Umschulung, Aufstiegsfortbildung, Einarbeitung, An-passungsweiterbildung sowie an einem sonstigen Lehrgang oder Kurs im Beruf teilgenommen hat.[278]

---

[276] Vgl. BIBB (2008) und Grünewald/Morall/Schönfeld (2003).

[277] Vgl. Behringer (2008) S. 1.

[278] Vgl. BIBB (2008) und BMBF (2006)

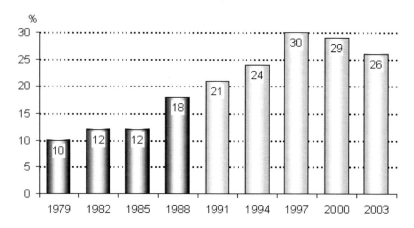

Abbildung 14: Betriebliche Weiterbildung 1979 – 2003 im Vergleich
Quelle: BMBF (2005) S. 24.

Werden die im BSW IX aufgeführten Lernformen zu einer Gesamtquote des Lernens Erwach-
sener zusammengefasst (allgemeine und betriebliche Weiterbildung), so liegt diese Quote,
bezogen auf alle 19- bis 64-Jährigen in Deutschland, bei 68%. Über zwei von drei 19- bis 64-
Jährigen haben sich im Jahr 2003 an der einen oder anderen Form des Lernens beteiligt. Der
Rückgang erfolgt laut der Studie somit im Bereich der betrieblichen Weiterbildung in Form
von Lehrgängen oder Kursen. Wie ist der rückläufige Trend in der Teilnahme an Lehrgängen
und Kursen der betrieblichen Weiterbildung zu erklären? Das Zusammenwirken einer ver-
stärkten Sparpolitik öffentlicher Haushalte mit dem steigenden Kostendruck in den Betrieben
ist nach Meinung des Bundesministeriums für Bildung und Forschung ausschlaggebend.[279]
Welche Rahmenbedingungen in diesem Zusammenhang wichtig sind, werden im Folgenden
näher erläutert.

---

[279] Vgl. BMBF (2005) S. 111.

3.3.4. Rahmenbedingungen der betrieblichen Weiterbildung

Studien zeigen, dass Deutschland im internationalen Vergleich das „lebenslange Lernen" vernachlässigt, gleichzeitig aber eine hohe Akzeptanz der Weiterbildung in der deutschen Bevölkerung vorherrscht. Vor diesem Hintergrund wird das deutsche Bildungssystem mit zwei Problemen konfrontiert werden: der demographischen Entwicklung und den einschneidenden Veränderungen in der Arbeitswelt. Aufgrund des demografischen Wandels steigt in Zukunft die Anzahl an älteren Arbeitnehmern deutlich an. Hinzu kommen die Veränderungen in der heutigen Arbeitswelt (neue Beschäftigungsverhältnisse, Flexibilisierung, etc.).

Die heute 30- bis 50-Jährigen werden von den Auswirkungen, die sich aus diesen Entwicklungen ergeben, am stärksten betroffen sein. Um diese Probleme bewältigen zu können, müssen sie durch verstärkte Weiterbildungsmaßnahmen jetzt schon vorbereitet werden.[280] Angesichts gesellschaftlicher, technischer und sozialer Veränderungen wird die Weiterbildung in Deutschland immer wichtiger. „Beschäftigte müssen ihre Qualifikationen ständig den neuen Erfordernissen anpassen", so beschreibt Rüdiger Falk die aktuelle Lage in Deutschland und macht deutlich: „Die initiale Qualifizierung am Beginn eines Berufslebens, ob als Berufsausbildung oder Studium, reicht bei weitem nicht, um im gesamten Verlauf die anfallenden Tätigkeiten ausüben zu können."[281] Diese beiden Problemstellungen in deutschen Unternehmen wurden bereits ausführlich in Kapitel I erläutert und werden aus diesem Grund nicht weiter behandelt.

Eine permanente Weiterbildung ist bereits heute notwendiger Bestandteil der meisten Arbeitstätigkeiten. So wird nicht nur in Weiterbildungsveranstaltungen gelernt, sondern zumeist bei der Arbeit selbst. Die Qualifikationen der arbeitenden Menschen zu entwickeln bedeutet, die Lernchancen am Arbeitsplatz zu erweitern. Lernchancen nutzen heißt damit, selbstorganisiertes Lernen zu stärken, z.B. durch mediengestütztes Lernen am Arbeitsplatz und durch Strukturierung des beruflichen Erfahrungswissens.[282]

---

[280] Vgl. BIBB (2008).

[281] Falk (2000) S. 124.

[282] Vgl. BMBF (2001) S. 2-3.

„Viele Formen der Weiterbildung sind keine didaktisch geplanten [Maßnahmen], sondern unterstützten den Erwerb von Berufserfahrungen", beschreibt Rüdiger Falk eine häufig vorkommende Situation im Arbeitsalltag und fügt hinzu: „Zu den bekanntesten Modellen der Arbeitsorganisation mit Weiterbildung zählen regelmäßige Gruppenarbeit, Job-Enrichment, Job-Enlargement und Job-Rotation."[283] Der Transfer der Weiterbildung auf den Arbeitsalltag ist wichtig. Reine „Vorlesungen" wie im Studium sind in der betrieblichen Weiterbildung meist fehl am Platz. „Training-on-the-job" ist ein Verfahren, bei dem das Lernen bzw. die Weiterbildung am Arbeitsplatz verstanden wird. Auf der anderen Seite gibt es „Taining-off-the-job" oder „Training-near-the-job". Hier gehen die Mitarbeiter meist komplett aus dem Arbeitsablauf heraus in spezielle Kurse, Workshops und Seminare.[284] Bei der Abstimmung der richtigen Methode des Lernens kommt es darauf an, ob die Entwicklung am Arbeitsplatz mit dem Weiterbildungsprozess des Mitarbeiters vereinbar ist. Z.B. macht ein Englischkurs meist „off-the-job" Sinn, da es vor dem Erstkontakt mit englischsprachigen Kunden notwenig ist, sich ein verhandlungssicheres Englisch anzueignen. Dagegen ist ein SAP-Kurs „on-the-job" vorteilhaft, um sich direkt im Arbeitsalltag mit dem neuen Softwareprogramm vertraut zu machen.

Somit können verschiedene Retention-Maßnahmen zu einem Erfolg bei der Bindung eines Mitarbeiters führen. Zumeist bringt das Zusammenwirken einzelner Instrumente den gewünschten Erfolg. Entscheidend ist, dass die Wichtigkeit der Mitarbeiterbindung in den Unternehmen bekannt gemacht wird.

---

[283] Falk (2000) S. 337.

[284] Vgl. Falk (2000) S. 335-337.

3.4. Schlussfolgerung zu den Handlungsfeldern der Mitarbeiterbindung

In den einzelnen Studien zur Mitarbeiterbindung in deutschen Betrieben wurden Mitarbeiter und Unternehmen befragt, welche Maßnahmen Personal am besten an einen Betrieb binden. Zusammengefasst wirken in Deutschland drei Faktoren am häufigsten mitarbeiterbindend: Entwicklung der Mitarbeiter (Aufstiegs-, Weiterbildungs- und Entwicklungsmöglichkeiten), ausgeprägte Unternehmenskultur (Betriebsklima, Ruf, Image, Interne Kommunikation) und gutes Führungsverständnis der Vorgesetzten. Der Mitarbeiterführung kommt eine ganz besondere Rolle zu. Die gleichermaßen häufig genannten Faktoren „Arbeitsumfeld", „herausfordernde Arbeitsinhalte", „Entscheidungsfreiheit" und „Wertschätzung und Anerkennung für die Arbeit" liegen im direkten Handlungsfeld der Führungskraft. Das bedeutet, dass der Vorgesetzte durch seine Führungskompetenz einen unmittelbaren Einfluss auf diese Faktoren hat. Darüber hinaus gewinnen Maßnahmen im Bereich der Work-Life-Balance in Deutschland zunehmend an Bedeutung. Dagegen verliert die Vergütung an Wichtigkeit und zählt nicht mehr zu den Top-Bindungsinstrumenten. Mitarbeiter sind zufrieden, solange die Vergütung leistungsbezogen und angemessen gegenüber den anderen Mitarbeitern ist. Diese Ergebnisse sind nicht vollständig repräsentativ, da die einzelnen Studien zu unterschiedlich in ihren Zielsetzungen ausgelegt sind. Außerdem schätzen Mitarbeiter und Vorgesetzten die Wichtigkeit der richtigen Bindungsmaßnahmen oft unterschiedlich ein. Trotzdem können einzelne Tendenzen abgeschätzt und hinterfragt werden.

Die in den empirischen Studien am häufigsten erwähnten Handlungsfelder der Mitarbeiterbindung sind gute Aufstiegs-, Weiterbildungs- und Entwicklungsmöglichkeiten für die Mitarbeiter. Voraussetzungen dafür ist eine Fähigkeitsanalyse, in der die Stärken und Schwächen der Mitarbeiter durch Coachings und Mitarbeitergespräche ermittelt werden. Diese Ergebnisse werden dann in einem Talent Management Programm festgehalten. Darauf aufbauend erarbeitet das Unternehmen gezielt Nachfolgeplanungen für erfolgskritische Positionen und zeigt den Mitarbeitern konkrete Karriereperspektiven auf. Die zielgerichtete Weiterentwicklung der Kompetenzen der Mitarbeiter stellt nicht nur einen Mehrwert für den Mitarbeiter selbst, sondern genauso für das Unternehmen dar.[285]

---

[285] Vgl. u.a. Vgl. Speck/Ryba (2004) S. 393-396, Gertz (2004) S. 85 und DGFP (2004) S. 68-69.

Mitarbeiter einer Unternehmung binden sich an Normen und Werte, die den Geist und die Persönlichkeit einer Firma ausmachen, und nicht an einen Ort oder an ein Logo. „Sie nehmen den Charakter eines Unternehmens wahr so wie sie den Charakter von Personen einzuschätzen gelernt haben"[286], erklärt Michael Müller-Vorbrüggen, geschäftsführender Direktor des Instituts für Personalführung und Management an der RWTH Aachen. In der Frage nach der Kultur eines Betriebes, möchten die potentiellen neuen Mitarbeiter wissen, welches Image das Unternehmen (Employer Branding) am Kunden- und am Arbeitsmarkt besitzt.[287]

„Kommunikation über die Kultur des Unternehmens verstärkt die Bedeutung der Werte, die vom Top-Management vertreten werden [...]"[288], erklärt Hansjörg Weitbrecht, Professor der Soziologie an der Universität Heidelberg. Kommunikation hat für die Unternehmenskultur eine hohe Bedeutung. Nicht zuletzt fördert eine offene Kommunikation im Unternehmen das Betriebsklima, da Mitarbeiter durch offene Kommunikation und Transparenz im Unternehmen besser in die internen Managementprozesse integriert werden. Somit sind Wahrnehmung der Werte des Unternehmens und Wahrnehmung der Handlungsfelder, in denen Werte verwirklicht werden, Grundvoraussetzungen für den Erfolg der Mitarbeiterbindung. Interne Kommunikation spielt dabei eine entscheidende Rolle.[289]

Der direkte Vorgesetzte ist bei der Mitarbeiterzufriedenheit ein erfolgskritischer Faktor, weil das Arbeitsumfeld der Mitarbeiter in dessen unmittelbaren Einflussbereich liegt. Die Führungskraft prägt dieses in einem erheblichen Maße und kann durch ihr Führungsverhalten eine optimale Entfaltung des vorhandenen Potentials eines Mitarbeiters hemmen.[290] Sollen Mitarbeiter entscheidend dazu beitragen, dass ihre Unternehmen Gewinne erzielen und sein Wettbewerbsposition verbessern, brauchen sie Bestätigung, Anerkennung, Wertschätzung und das Gefühl, mitentscheiden zu dürfen. „Sie benötigen Freiräume, um sich selbst zu entfalten, sie verdienen Führungskräfte, die sie in diesem Entwicklungsprozess stützen und fördern"[291], betont Winfried Gertz, von Beruf freier Journalist. Dazu ist es notwendig, dass ein Vorgesetzter offen und zugänglich ist und versteht, was den einzelnen Mitarbeiter motiviert. Letztend-

---

[286] Müller-Vorbrüggen (2004) S. 42.

[287] Vgl. Maier (2003) S. 286.

[288] Weitbrecht (2005) S. 11.

[289] Vgl. Weitbrecht (2005) S. 11.

[290] Vgl. Nink (2008) S. 27.

[291] Gertz (2004). S. 132.

lich ist ausreichend Zeit für echte Mitarbeiterführung und Kommunikation mit den Mitarbeitern entscheidend. [292]

„Geld" wird in seiner Bindewirkung meist überschätzt. Wie Studien belegen, ist die Vergütung nicht von großer Bedeutung bei der Arbeitszufriedenheit. Die Aussage: „Wer für Geld kommt, geht auch für Geld!", trifft immer häufiger zu, auch dann, wenn keine klare Unterbezahlung vorliegt. „Natürlich reizen auch die finanziellen Vorteile, aber die Erfahrung zeigt auch, dass gerade Anerkennung, Prestige und Stolz für die Mitarbeiter sehr wichtige Dinge sind, die einen großen Effekt auf die einzelnen Mitarbeiter haben"[293], erklärt Christoph Kuth.

Schließlich führt eine umfangreiche Work-Life-Balance zur Mitarbeiterbindung, d.h. das Unternehmen hilft dem Mitarbeiter bei der Gestaltung des Gleichgewichts zwischen Arbeits- und Privatleben. Der Trend der Work-Life-Balance kommt aus den USA und gewinnt in Deutschland an Bedeutung. In diesem Zusammenhang sind die Themen Teilzeit- und andere Flexibilitätskonzepte für ein familienfreundliches Unternehmen von großer Bedeutung.[294]

Die betriebliche Weiterbildung spielt aufgrund der Wichtigkeit von Aufstiegs-, Weiterbildungs- und Entwicklungsmöglichkeiten der Mitarbeiter eine große Bedeutung innerhalb von Mitarbeiterbindungsmaßnahmen. Weiterbildung umfasst die Gebiete der Umschulung, Aufstiegs- und Anpassungsfortbildung. Sie versteht sich als Bildung, die der Einzelne erwirbt, um sein Wissen, seine Kenntnisse, Fertigkeiten und Fähigkeiten zu erweitern, um beruflich aufzusteigen.[295] Betriebliche Weiterbildung enthalten Maßnahmen, die vom Unternehmen ausschließlich für seine Arbeitnehmer ausgerichtet sind, innerbetrieblich auf Wunsch des Betriebs durchgeführt werden und die Unternehmen die Kosten übernehmen.[296]

Matthias Meifert, Mitglied der Geschäftsleitung der Managementberatung Kienbaum, stellt fest, dass verschiedene Retention-Maßnahmen einen Mitarbeiter an das Unternehmen binden. Das bedeutet, je höher die Ausprägung dieser Faktoren ist, desto geringer ist die Absicht des Mitarbeiters, das Unternehmen zu verlassen. Voraussetzung für die Verbleibeabsicht sind

---

[292] Vgl. Sebald/Enneking (2006) S. 41.

[293] Kuth (2008) S. 20.

[294] Vgl. Gloger (2001) S. 96.

[295] Vgl. Grüner (2000) S. 6.

[296] Vgl. Falk (2000) S. 161.

zielgerichtete Maßnahmen.[297] Je nach Karrieremuster gibt es unterschiedliche Ziele der betrieblichen Weiterbildung. Grundsätzlich hängt für die Mitarbeiter die Attraktivität der Weiterbildungsmaßnahme von den Karrieremöglichkeiten und den damit verbundenen beruflichen Verbesserungen ab. Dies kann eine Aufstiegs- und genauso gut eine Anpassungsfortbildung sein.[298]

Die aufgezeigten Ansätze der Personalbindung erheben selbstverständlich keinen Anspruch auf Vollständigkeit und können nicht als Standardlösung für alle Unternehmen gleichermaßen angesehen werden. „Jedes Unternehmen muss seine eigene, auf die jeweiligen Bedürfnisse der Mitarbeiter und die Umfeldanforderungen des Unternehmens abgestimmte Konfiguration finden", erklären Peter Speck und Andreas Ryba, beide Personalleiter bei der Festo AG & Co. KG in Esslingen, und fügen hinzu: „Diese muss einem dynamischen Anpassungsprozess unterliegen, damit ein langfristiger Erfolg der Instrumente an sich verändernde Umweltbedingungen gewährleistet werden kann."[299] Eine wichtige Vorraussetzung für eine erfolgreiche Ein- und Durchführung eines Retention Managements stellt bei personalpolitischen Entscheidungen die vollständige Rückendeckung des Vorstandes bzw. des Managements dar. Eine Vorbildfunktion der Führungskräfte trägt in entscheidendem Maße dazu bei, ob die in Kapitel III. beschriebenen Inhalte und Wege zu erfolgreichen Instrumenten der Mitarbeiterbindung werden.

---

[297] Vgl. Meifert (2008) S. 17.

[298] Vgl. Falk (2000) S. 322-323.

[299] Speck/Ryba (2004) S. 397.

4.   Zusammenfassung und Handlungsempfehlungen

In der heutigen Gesellschaft haben Unternehmen in Deutschland mit einigen Problemen zu kämpfen. In diesem Zusammenhang ist es eine der größten Herausforderung, die alternde Belegschaft zu managen. Dies unterschätzen viele Betriebe. So werden weiterhin bevorzugt jüngere Arbeitnehmer eingestellt. Das Potenzial älterer Mitarbeiter wird vernachlässigt. Durch den demografischen Wandel spielt diese Mitarbeitergruppe aber eine entscheidende Rolle beim zukünftigen Erfolg eines Unternehmens.[300] Unternehmen sollten durch gezielte interne Nachwuchssicherung diesem Trend entgegensteuern. Im Vordergrund steht hier die Nutzung bereits vorhandenen Potentials. Warum spezialisieren sich Firmen immer auf die Weiterentwicklung junger High-Potentials? Organisationen könnten durch die hohe Anzahl an älterer Belegschaft Potentiale wecken und gezielt Weiterbildungsmaßnahmen für die breite Belegschaft anbieten. Um das Problem der steigenden Anzahl an älteren Mitarbeitern bewältigen zu können, müssen die Arbeitnehmer jetzt schon durch verstärkte Weiterbildungsmaßnahmen vorbereitet werden.[301]

Nach einer Studie der Deutschen Industrie- und Handelskammer fehlten der deutschen Wirtschaft bereits im Jahr 2007 rund 400.000 Fachkräfte. Daher reicht es nicht aus, bei Bedarf an neuen Mitarbeitern Stellenanzeigen zu schalten. Firmen müssen nach qualifizierten Fach- und Führungskräften Ausschau halten. Eine Steigerung des Human Capital führt zu einem größeren Unternehmenserfolg.[302] Diesen Expertennachwuchs finden Unternehmen „im eigenen Hause". Durch interne Programme zur berufsbegleitenden Fortbildung können Mitarbeiter zu Fach- und Führungskräften weitergebildet werden. Hierbei ist es notwendig der breiten Belegschaft diese Möglichkeit der Weiterbildung zu bieten, da der interne Expertennachwuchs bereits auf der Mitarbeiterebene beginnt.

Die Veränderungen in der Gesellschaft und am Arbeitsplatz erfordern einen höheren Bedarf an qualifizierten und kreativen Mitarbeitern. Innovationsfähigkeit entwickelt sich in den westlichen Industrieländern zum entscheidenden Faktor für die Wettbewerbsfähigkeit von Unternehmen. Die Bindung dieser qualifizierten Kräfte ist bedeutsam, da der Verfall des aktuellen Wissens fortschreitet, und schlecht einzuschätzen ist, welches Wissen in Zukunft

---

[300] Vgl. Hewlett Associates (2008) und Gertz (2004) S. 13.

[301] Vgl. BIBB (2008).

[302] Vgl. Schirmer (2007) S. 57.

relevant ist.[303] Deshalb ist es zukünftig wichtig, Mitarbeiter nicht nur bei der berufsbegleitenden Weiterbildung, sondern zudem bei der Allgemeinen zu begleiten. Der Wandel zur Wissensgesellschaft fordert von der Bevölkerung „lebenslanges Lernen". In diesem Fall sollten Betriebe ihren Mitarbeitern beratend zur Seite stehen.

„Aufstieg durch Bildung"[304], lautet die aktuelle Qualifizierungsinitiative des BMBF und stellt sich damit der Verantwortung für die Bildungsoffensive in Deutschland. „Beschäftigte müssen ihre Qualifikationen ständig den neuen Erfordernissen anpassen", so beschreibt Rüdiger Falk die derzeitige Lage und macht deutlich: „Die initiale Qualifizierung am Beginn eines Berufslebens, ob als Berufsausbildung oder Studium, reicht bei weitem nicht, um im gesamten Verlauf die anfallenden Tätigkeiten ausüben zu können."[305] Das BMBF nennt als Stichwort lebensbegleitendes Lernen: „Lernen soll und wird immer wieder stattfinden."[306]

Entscheidend stellt sich schließlich die Frage, warum Unternehmen ein Retention Management benötigen? Aktuell sind die meisten Unternehmen gut aufgestellt. Auf langfristige Sicht könnte sich dies jedoch dramatisch ändern. Die Gefahr, qualifizierte Fachkräfte an andere Unternehmen zu verlieren, steigt deutlich. Talente werden am externen Arbeitsmarkt immer knapper, ihre Rekrutierung immer aufwändiger und teurer. Die Bindung leistungsstarker Mitarbeiter zählt jetzt und in Zukunft zu den Aufgaben mit absoluter Priorität im HR-Management, um eine Abwanderung wichtiger Know-how-Träger zu verhindern.[307]

Budgetanteile, die Fachabteilungen für individuelle berufsbegleitende Weiterbildungsmaßnahmen einsetzen und oftmals ohne Wirkung „verpuffen", sollten zentralisiert werden. Durch den Aufbau eines Budgets für zielgerichtetes Retention Management könnten Entwicklungskandidaten stellenabhängig weitergebildet werden. Zudem sollten sich Mitarbeiter, welche die Personalprozesse in den Unternehmen kennen, gezielt um Mitarbeiterbindung kümmern. Dabei müssen alle Bindungsmaßnahmen, die das Unternehmen durch etablierte HR-Prozesse abbildet, gebündelt und kommuniziert werden. Ein fundiertes internes und externes Kommunikationskonzept ist zur erfolgreichen Umsetzung notwendig. Schließlich

---

[303] Vgl. Gertz (2004) S. 37, Krohn (2007) S. 197-199 und Maier (2003) S. 275-276.
[304] BMBF (2008).
[305] Falk (2000) S. 124.
[306] BMBF (2001) S. 1-2.
[307] Vgl. Towers Perrin (2007) S. 14-15.

geht es darum, Entwicklungen im Retention Management kontinuierlich zu verfolgen und sinnvolle Maßnahmen abzuleiten. Nur wenn Unternehmen ein langfristiges und systematisches Retention Management betreiben, haben sie Erfolg. Von kurzfristigen Maßnahmen wird weitgehend abgeraten. Denn trotz der erkannten hohen Bedeutung von Retention Management in deutschen Unternehmen planen fast 80 % der Unternehmungen immer noch kein konkretes Budget für Mitarbeiterbindungsmaßnahmen ein.[308]

Wie die Studien[309] gezeigt haben, sind gute Aufstiegs-, Weiterbildungs- und Entwicklungsmöglichkeiten eine der meist gewünschten Bindungsmaßnahmen von Mitarbeitern und Unternehmen gleichermaßen. Insbesondere der betrieblichen Weiterbildung wird die Eigenschaft zugesprochen, ein wesentlicher Faktor für die Personalbindung zu sein, und zudem einen Einfluss auf den Unternehmenserfolg auszuüben. Darum sollten Unternehmen auf die individuellen Bedürfnisse der Mitarbeiter eingehen und z.B. in Zielvereinbarungsgesprächen gemeinsam mit den Fachabteilungen und der PE Weiterbildungsmöglichkeiten verbindlich planen. Grundsätzlich sind es nicht immer Karriereabsichten, die das Personal dazu bewegen, sich weiterzubilden. Horizontale Entwicklung ist genauso wichtig wie vertikale Entwicklung, je nachdem, welche Ambitionen der jeweilige Mitarbeiter hat. So haben alle Beteiligten eine mittelfristige Planungssicherheit und die Weiterbildungsmaßnahme wird zum Mitarbeiterbindungsinstrument.

Schließlich sollte am Ende erwähnt werden, dass es weder ein Richtig noch ein Falsch beim Einsatz von entsprechenden Maßnahmen zur Bindung von Mitarbeitern gibt. Es geht darum, Lösungswege für eine möglichst effektive Bindung an ein Unternehmen zu finden. In der Unternehmensführung stehen sich die Aspekte der Kostensenkung durch Personalabbau und die Steigerung der Leistungs- und Innovationskraft gegenüber. Dies setzt voraus, dass insbesondere in wirtschaftlichen Schwächephasen die besten und strategisch wichtigsten Mitarbeiter gebunden werden müssen. Zudem bahnt sich laut aktuellen Prognosen 2009 eine wirtschaftliche Abschwächung in Deutschland an. In diesem Zusammenhang ist es speziell in schwierigen Zeiten dringend erforderlich, dass finanzielle Mittel bereitgestellt und als Investition in die Zukunft betrachtet werden. Das Ziel eines Unternehmens muss sein, diese Erkenntnisse in der Unternehmensstrategie und damit auch in der Unternehmenskultur und der

---

[308] Vgl. Kienbaum (2001) S. 8-9.

[309] Vgl. hierzu „Studien zur Bedeutung von Mitarbeiterbindungsinstrumenten" in Kap. III

internen Kommunikation zu verankern, um den Mitarbeitern die Wichtigkeit der Mitarbeiterbindung deutlich zu machen.[310]

---

[310] Vgl. Jäger (2006) S. 23 und Nagel (2005) S. 25.

5.   Literaturverzeichnis

Armutat, Sascha (2003):

Personalbindung ganzheitlich managen, in: Personalführung, Heft 2, S. 96-97, 2003.

Avalos, Alison (2008):

How to motivate and retain talent. Recognition as a critical component, in: Personalführung, Heft 5, S. 50-52, 2008.

Bartscher, Thomas und Anne Huber (2007):

Praktische Personalwirtschaft. Eine praxisorientierte Einführung, 2. Aufl., Wiesbaden (Gabler Verlag), 2007.

Bäumer, Jens (2002):

Retention-Management auch in Krisenzeiten, in: Personalführung, Heft 3, 2002.

Behringer, Friederike; Dick Moraal und Gudrun Schönfeld (2008):

Betriebliche Weiterbildung in Europa: Deutschland weiterhin nur im Mittelfeld – Aktuelle Ergebnisse aus CVTS3, in: Internet www.bibb.de/dokumente/pdf/BWP_2008-01_behringer_cvtsc3.pdf, Zugriff am 23.06.2008.

Bröckermann, Reiner und Werner Pepels (2004):

Personalbindung. Wettbewerbsvorteile durch strategisches Human Resource Management, Berlin (Erich Schmidt Verlag), 2004.

Bruhn, Manfred und Michael Grund (2008):

Mitarbeiterzufriedenheit und Mitarbeiterbindung, in: Handbuch Marktforschung, Wiesbaden (Gabler-Verlag), S. 861-885, 2008.

Bundesinstitut für Berufsbildung (BIBB) (2008):

Berufliche Weiterbildung in Deutschland, in: Internet http://www.bibb.de/de/30130.htm, Zugriff am 23.06.2008.

Bundesinstitut für Berufsbildung (BIBB) (2008a):

Betriebliche Weiterbildung – ein Schlüsselbereich des lebenslangen Lernens, in: Internet http://www.good-practice.de/infoangebote_beitrag204.php, Zugriff am 23.06.2008.

Bundesministerium für Bildung und Forschung (BMBF) (2001):

Berufliche Weiterbildung – Flyer, Stand Dezember 2001, in: Internet http://www.bmbf.de/publikationen/2707.php, Zugriff am 23.06.2008.

Bundesministerium für Bildung und Forschung (BMBF) (2005):

Berichtssystem Weiterbildung IX – Ergebnisse der Repräsentativbefragung zur Weiterbildungssituation in Deutschland, Berlin, 2005, in: Internet http://www.bmbf.de/publikationen/2707.php, Zugriff am 23.06.2008.

Bundesministerium für Bildung und Forschung (BMBF) (2008):

Aufstieg durch Bildung – Qualifizierungsoffensive der Bundesregierung, Bonn, Berlin (Bonifatius GmbH, Druck-Buch-Verlag), 2008.

Bundesministerium für Bildung und Forschung (BMBF) (2008a):

Qualifizierungsoffensive – Wir fördern Aufstieg durch Bildung, Berlin, 2008, in: Internet http://www.bmbf.de/de/12676.php, Zugriff am 13.08.2008.

Butler, Timothy und James Waldroop (1999):

Wie Unternehmen ihre besten Leute an sich binden, in: Harvard Business manager 2/2000, ursprünglich veröffentlicht in Harvard Business Review: Job Sculpting: The Art of Retaining Your Best People, Nr. 5, September/Oktober 1999.

Decker, Franz und Robert Maier (1976):

Betriebliche Mitarbeiterbildung, Wiesbaden (Betriebswirtschaftlicher Verlag Dr. Th. Gabler), 1976.

Deutscher Bildungsrat (1970):

Empfehlungen der Bildungskommission, Bonn, 1970.

Deutscher Bildungsserver (2007):

Der "dritte Weg" – Studieren ohne Abitur ist in jedem Bundesland möglich, Frankfurt am Main, 2007, in: Internet http://www.bildungsserver.de/innovationsportal/bildungplus.html?artid=625, Zugriff am 14.08.2008

DGFP Deutsche Gesellschaft für Personalführung e.V. (DGFP) (Hrsg.) (2004):

Retentionmanagement. Die richtigen Mitarbeiter binden. Grundlagen – Handlungshilfen – Praxisbeispiele, Bielefeld (Bertelsmann-Verlag), 2004.

Dick, Rolf van (2004):

Commitment und Identifikation mit Organisationen, Göttingen (Hogrefe-Verlag), 2004.

Diesner, Illona (2008):

Bildungsmanagement in Unternehmen – Konzeptionalisierung einer Theorie auf der normativen und strategischen Ebene, Wiesbaden (Verlag Dr. Th. Gabler), 2008.

Dobischat, R. und A. Lipsmeier (1991):

Betriebliche Weiterbildung im Spannungsfeld von Technikanwendung, Qualifikationsentwicklung und Personaleinsatz, in: Bolte, K. M. et. al. (Hrsg.): Mitteilungen aus der Arbeitsmarkt- und Berufsforschung, Heft 2, S. 244-350, 1991.

Dziarnowski, Lutz und Stephan Schütze (Hrsg.) (2007):

Erfolgsfaktor Arbeitsklima – Vergleichende Analysen und empirische Ansätze, Köln (Josef Eul Verlag), 2007.

Enderle, Kristina (2008):

Achtung, Abwerbung! Im „War for Talent" sind Fachkräfte in allen Betrieben gefragt. Unternehmen müssen sich jetzt vor Abwerbversuchen schützen, um Mitarbeiter zu halten, in: Personalmagazin, Heft 5, S. 14, 2008.

EUROFOND - European Foundation fort he Improvement of Living and Working Conditions (2007):

Fourth European Working Conditions Survey, Luxembourg, 2007.

Falk, Rüdiger (2000):

Betriebliches Bildungsmanagement: Arbeitsbuch für Studium und Praxis, Köln (Wirtschaftsverlag Bachem), 2000.

Felfe, Jörg (2008):

Mitarbeiterbindung, Göttingen (Hogrefe-Verlag), 2008.

FH Deggendorf und Haufe Akademie (2006):

Studie Chancen für den Mittelstand - Repräsentative Studie über die Gegenwart und Zukunft des Personalmanagements in mittelständischen Unternehmen in Deutschland, in: Internet www.fhd.edu/fh/presse/download/studie-personalmanagement_2006.pdf, Zugriff am 14.05.2008.

Gallup GmbH (2007):

Aufschwung in Deutschland nicht durch Engagement der ArbeitnehmerInnen in Deutschland getrieben, Pressemitteilung, Potsdamm, 2007.

Gallup GmbH (2007a):

Engagement Index 2007 – Deutschland, Short Presentation, Potsdam, 2007.

Geighardt, Christiane (2008):

Retaining von Schlüsselkräften – Mitarbeiterbefragungen als Planungsinstrument für personalbindende Maßnahmen, Saarbrücken (VDM Verlag Dr. Müller), 2008.

Gertz, Winfried (2004):

Mitarbeiterbindung. Talente halten, Loyalität erhöhen, Fluktuation verringern, Düsseldorf (Management-&-Karriere-Verlag), 2004.

Gillmann, Barbara (2008):

Lebenslanges Lernen kommt in Mode – DIHK-Umfrage: Immer mehr Arbeitnehmer über 35 bilden sich weiter und wollen so ihren Job sichern, in: Handelsblatt, Nr. 68, S. 5, 08.04.2008.

Gillmann, Barbara (2008a):

Opposition und SPD kritisieren Bildungssparen als „Stückwerk" – Kabinett will Deutsche mit 154 Euro Prämie und Krediten zur Weiterbildung motivieren, in: Handelsblatt, Nr. 80, S. 6, 24.04.2008.

Gloger, Axel (2001):

Finden und Binden – Geld versagt beim Binden von Mitarbeitern, in: managerSeminare Heft 49, S. 91-98, 2001.

Gmür, Markus und Rüdiger Klimecki (2001):

Personalbindung und Flexibilisierung, in: Zeitschrift Führung und Organisation, 70. Jg., Heft 1/2001, S. 28-34, 2001.

Gmür, Markus (2002):

Employer Branding – Schlüsselqualifikationen im strategischen Personalmarketing. in: Personal, 54 (Heft 10), S. 12-16, 2002.

Great Place to Work Institute (2008):

Great Place to Work Modell., in: Internet http://www.greatplacetowork.at/great/modell.php, Zugriff am 17.05.2008.

Grüner, Herbert und Däumler/Grabe (Hrsg.) (2000):

Bildungsmanagement in mittelständischen Unternehmen, Herne/Berlin (Verlag Neue Wirtschafts-Briefe), 2000.

Grünewald, Uwe und Dick Moraal (1996):

Betriebliche Weiterbildung in Deutschland. Gesamtbericht. Ergebnisse aus drei empirischen Erhebungsstufen einer Unternehmensbefragung im Rahmen des EG-Aktionsprogrammes FORCE, Bielefeld, 1996.

Grünewald, Uwe und Dick Moraal (Hrsg.) (2003):

Betriebliche Weiterbildung in Deutschland und Europa, Erhebung über die betriebliche Weiterbildung (CVTS 2), Bonn, 2003.

Grunwald, Christiane (2001):

Personalerhaltung im oberen Management. Strategien und Maßnahmen zur Vermeidung ungewollter Fluktuation, Wiesbaden (Dt. Univ.-Verlag), 2001.

Haase, Dietmar (1997):

Organisationsstruktur und Mitarbeiterbindung – Eine empirische Analyse in Kreditinstituten, Köln (Dr. Inst.-Verlag), 1997.

Haselgruber, Jürgen und Christian Brück (2008):

Vergütung und Anerkennung von Mitarbeitern – Strategic Rewards als Teil des Employer Branding, in: Personalführung, Heft 5, 2008.

Hewitt Associates (2005):

HR landscaps – defining the future path of talent management 2006. Next-Generation Talent Management Survey Findings 2005, o.O., 2005.

Hewitt Associates (2006):

Hewitt-Studie: High-Potentials müssen motiviert werden, in: Internet http://www.hewittassociates.com/Intl/EU/de-DE/AboutHewitt/Newsroom/PressReleases/2006/august-15-2006.aspx, Zugriff am 14.05.2008.

Hewitt Associates (2008):

Studie: Unternehmen investieren zu wenig in die Mitarbeiterbindung, in: Internet http://www.bildungsspiegel.de/news-zum-thema/studie-unternehmen-investieren-zu-wenig-in-die-mitarbeiterbindung.html?Itemid=518, Zugriff am 14.05.2008.

Hirschfeld, Karin (2006):

Retention und Fluktuation: Mitarbeiterbindung – Mitarbeiterverlust, Berlin, 2006.

Hofe, Anja vom (2005):

Strategien und Maßnahmen für ein erfolgreiches Management der Mitarbeiterbindung, Hamburg (Verlag Dr. Kovac), 2005.

IFAK Institut (2008):

IFAK-Arbeitsklima-Barometer 2007: Geringe Mitarbeiterbindung kostet deutsche Unternehmen Milliarden, in: Internet http://www.ifak.com/de/news/ifak-arbeitsklima-barometer-2007-geringe-mitarbeiterbindung-kostet-deutsche-unternehmen-milli.html, Zugriff am 14.05.2008.

Jaeger, Stefan (2006):

Mitarbeiterbindung – Zur Relevanz der dauerhaften Bindung von Mitarbeitern in modernen Unternehmen, Saarbrücken (VDM Verlag Dr. Müller), 2006.

Jensen, Stefanie (2004):

Determinanten der Mitarbeiterbindung, in: Wirtschaftswissenschaftliches Studium, Bd. 33, Weinheim (Vahlen-Verlag), S. 233-236, 2004.

Jochmann, Walter (2006):

Retention Management – die Leistungsträger der Unternehmung binden, in: Strategien der Personalentwicklung, Riekhof, Hans-Christian (Hrsg.), 6. Aufl., Wiesbaden (Gabler Verlag), S. 191-208, 2006.

Jost, Peter-J. (Hrsg.) (2001):

Der Transaktionskostenansatz in der Betriebswirtschaftslehre, Stuttgart (Schäffer-Poeschel Verlag), 2001.

Kienbaum (2001):

Die Kienbaum Retention-Studie 2001: An der Spitze zeigt sich die Qualität der Bindung, Berlin, 2001.

Kienbaum (2008):

HR Klima-Index 2008 – Die Konjunktur für Personalarbeit, Berlin, 2008.

Knoblauch, Jörg und Jürgen Kurz (2007):

Die besten Mitarbeiter finden und halten – Die ABC-Strategie nutzen, Frankfurt am Main (Campus Verlag), 2007.

Kollmann, Tobias; Andreas Kuckertz und Carina Lomberg (2007):

Anreizsysteme im Mittelstand – Möglichkeiten und Grenzen für die Personalgewinnung und -bindung, Essen, 2007.

Krohn, Michael (2007):

Personalbindung in Netzwerkorganisationen durch Investition in Sozialkapital, Frankfurt am Main (Peter Lang Verlag), 2007.

Kruse, Andreas (Hrsg.) (2008):

Weiterbildung in der zweiten Lebenshälfte. Multidisziplinäre Antworten auf Herausforderungen des demografischen Wandels, Bielefeld (Bertelsmann Verlag), 2008.

Kuth, Christoph (2008):

Subtile Elemente sind effektiv – Erfahrung ist der beste Lehrmeister bei dem Versuch, Mitarbeiter zu binden. Personalentwickler Christoph Kuth erklärt, wie er Erfolg hatte und wie nicht, in: Personalmagazin, Heft 5, S. 20-21, 2008.

Limbach, Simone (2003):

Entwicklung einer Konzeption zur Mitarbeiterbindung – Unter besonderer Berücksichtigung immaterieller Anreizsysteme, Hamburg (Diplomica GmbH), 2003.

Linderkamp, Rit; at al. (Hrsg.) (2007):

Arbeitnehmerorientierte Beratung und Weiterbildung. Ein Praxisbuch, Bielefeld (Bertelsmann Verlag), 2007.

Löw, Hans-Peter (2008):

Reisende hält keiner auf – Früher Personalleiter, heute Rechtsanwalt für Arbeitsrecht. Hans-Peter Löw weiß aus Erfahrung, wie wirkungsvoll juristische Maßnahmen sind, in: Personalmagazin, Heft 5, S. 25, 2008.

Lohaus, Daniela und Wolfgang Habermann (2006):

Emotionale Bindung ist out, in: Personal, Heft 11, S. 48-50, 2006.

Maier, Gerhard (1996):

Persönliche Ziele im Unternehmen – Ergebnisse einer Längsschnittstudie bei Berufseinsteigern, Dissertation, München, 1996.

Maier, Gerhard (2003):

Wege zur Mitarbeiterbindung, in: Vom E-Business zur E-Society – New Economy im Wandel, München und Mering (Rainer Hampp Verlag), S. 275-293, 2003.

Maier, Gerhard (2007):

Wege zur langfristigen Mitarbeiterbindung – Wie wichtig ist der Wohlfühlfaktor? Impulsreferat beim Bodensee-Personalleiternetzwerk, Bregenz, 2007.

Meier, Rolf und Maron Edel (2000):

Weiterbildung erfolgreich steuern: professionelle Bildungsarbeit in 10 Schritten, Köln (Fachverlag Deutscher Wirtschaftsdienst), 2000.

Meifert, Matthias T. (2005):

Mitarbeiterbindung. Eine empirische Analyse betrieblicher Weiterbildner in deutschen Großunternehmen, München und Mering (Hampp-Verlag), 2005.

Meifert, Matthias T. (2008):

Ungewollte Fluktuation bekämpfen – Mitarbeiterbindung. Wenn Mitarbeiter kündigen, entstehen große Lücken. Wer seine Mitarbeiter halten will, muss einige Grundprinzipien beachten, in: Personalmagazin, Heft 5, S. 16-18, 2008.

Meifert, Matthias T. (2008a):

Retentionmanagement, in: Strategische Personalentwicklung, Meifert, Matthias (Hrsg.), Berlin und Heidelberg (Springer Verlag), S.267-288, 2008.

Müller-Vorbrüggen, Michael (2004):

Personalbindung in dynamischen Unternehmen, in: Personalwirtschaft, 31, S. 39-42, 2004.

Muschiol, Thomas (2008):

Rechtliche Grenzen der Abwerbung – Die aktive Abwerbung durch Unternehmer und Head-hunter hat Konjunktur. Wie weit dürfen diese aber bei der Personalsuche gehen?, in: Perso-nalmagazin, Heft 5, S. 22-23, 2008.

Muschiol, Thomas (2008a):

Jagdregeln für Abwerbungen per Telefon am Arbeitsplatz – Anrufen ja, aber nicht zu lange und nicht gleich zur Sache kommen. So lässt sich das Reglement für erlaubtes Abwerben beschreiben, in: Personalmagazin, Heft 5, S. 24, 2008.

Nagel, Annette (2005):

Was Mitarbeiter bindet, in: Personal, Heft 4, S. 24-27, 2005.

Nagel, Kurt (1990):

Weiterbildung als strategischer Erfolgsfaktor – Der Weg zum unternehmerisch denkenden Mitarbeiter, 2. Aufl. Landsberg/Lech (Verlag Moderne Industrie), 1990.

Nink, Marco (2008):

Schlummerndes Potenzial in Unternehmen wecken, in: Personalwirtschaft, Bd. 35, S. 25-27, 2008.

Olfert, Klaus und Pitter A. Steinbuch (1993):

Personalwirtschaft, 5. Aufl., Ludwigshafen, 1993.

o.V. (2008):

Eine Wandlung fast wie im Märchen, in: Personalwirtschaft, Bd. 35, S. 30-31, 1, 2008.

o.V. (2008a):

Keiner steht für sich allein, in: Personalwirtschaft, Bd. 35, S. 32-33, 1, 2008.

o.V. (2008b):

Talentmanagement, in: Internet http://de.wikipedia.org/wiki/Talentmanagement, Zugriff am 3.4.2008.

o.V. (2008c):

Kaum Angebote für Mitarbeiter mit Kind, in: Junge Karriere, Heft 6, S. 68, 2008.

Pepels, Werner (2002):

Personalbindung, in: Bröckermann, Rainer/Pepels, Werner (Hrsg.): Personalmarketing. Akquisition – Bindung – Freistellung, Stuttgart (Schäffer-Poeschel-Verlag), S. 129-143, 2002.

Pesch, Andreas (2008):

Unternehmenserfolg durch Mitarbeiterbindung, in: Internet http://www.personalmanagement.bdu.de/Fachbeitrage.html?fuseaction=page.content&s_kurz name=artikel_id_1536, Zugriff am 14.05.2008.

Perspektive Mittelstand (2008):

Studie: Wertschätzung wichtig für Mitarbeitermotivation und Mitarbeiterbindung, in: Internet http://www.perspektive-

mit-

telstand.de/Studie_Wertsch_tzung_wichtig_f_r_Mitarbeitermotivation_und_Mitar/manageme nt-wissen/1193.html, Zugriff am 14.05.2008.

Pichler, Martin (2008):

Mbakompendium 2008/09 – Für die Weiterbildungselite, Freiburg (Haufe Fachmedia Verlag), 2008.

Pircher, Helmut (2007):

Personalbindung und Gründe für erhöhte Personalfluktuation, Diplomarbeit, Graz, 2007.

Pütz, Helmut; Bundesinstitut für Berufsbildung (BIBB) (Hrsg.) (2003):

Berufsbildung, Berufsausbildung, Weiterbildung – Ein Überblick, Bonn, 2003.

Reinemann, Holger (2000):

Betriebliche Weiterbildung in mittelständischen Unternehmen, Münster (LIT Verlag), 2000.

Reppesgaard, Lars und Martin Bialluch (2008):

Zum Nachmachen empfohlen, in: Personalwirtschaft, Bd. 35, S. 22-24, 1, 2008.

Rockrohr, Grit (2006):

Die Einflüsse des Freien Personenverkehrs auf das Arbeitsverhältnis, insbesondere die Mitarbeiterbindung, Berlin (Logos Verlag), 2006.

Rosenstiel, Lutz von (2003):

Bindung der Besten – Ein Beitrag zur mitarbeiterbezogenen strategischen Planung, in: Perspektiven der strategischen Unternehmensführung, Wiesbaden (Gabler-Verlag), S. 229-254, 2003.

Saaman, Wolfgang (2005):

Integration durch Identifikation. Leistung durch Bindung an das Unternehmen, Wien (Signum-Wirtschaftsverlag), 2005.

Sauter, Edgar (1989):

Ansätze für eine Neuorientierung der beruflichen Weiterbildung, in: Berufsbildung in Wissenschaft und Praxis 3, S. 3-8, 1989.

SBB (Stiftung Begabtenförderungswerk Berufliche Bildung) (2008):

Aufstiegsstipendium, o.O., 2008, in: Internet http://www.begabtenfoerderung.de/Aufstiegsstipendium.194.0.html, Zugriff am 14.08.2008.

Schiedt, Alexandra (2000):

Mitarbeiterbindung steckt in den Kinderschuhen, in: Personalwirtschaft, Heft 12/2000, S. 53-57, 2000.

Schirmer, Uwe (2007):

Commitment fördern, Mitarbeiter halten. Retention-Management zur Bindung von Leistungsträgern, in: Personalführung, Band 40, Heft März, S. 48-58, 2007.

Scholz, Christian (2003):

Spieler ohne Stammplatzgarantie – Darwiportunismus in der neuen Arbeitswelt, Weinheim (Wiley-VCH-Verlag), 2003.

Scholz, Christian (Hrsg.) und Martina Chalupa (2007):

Strategie- und Informationsmanagement: Motivation und Bindung von Mitarbeitern im Dar-wiportunismus, Band 21, München und Mering (Rainer Hampp Verlag), 2007.

Schubert, Andreas von (2007):

Loyalität im Unternehmen – Nachhaltigkeit durch mitarbeiterorientierte Unternehmensführung, Frankfurt am Main (Peter Lang Verlag), 2007.

Sebald, Harriet und Andreas Enneking (2006):

Was Mitarbeiter bewegt, in: Personal, Heft 5, S. 40-42, 2006.

Seidel, Boris (2008):

Berufsbegleitende Weiterbildung – ohne die geht kaum noch was, in: Internet http://www.misterinfo.de/publish/ausbildung-und-beruf/weiterbildung/berufsbegleitende-weiterbildung-ohne-die-geht-kaum-noch-was, Zugriff am 17.08.2008.

Speck, Peter und Andreas Ryba (2004):

Best-Practise-Personalbindungsstrategien in Industrieunternehmen, in: Personalbindung, Berlin, S. 383-398, 2004.

Stmwfk (Bayerisches Staatsministerium für Wissenschaft, Forschung und Kunst) (2008):

Studium für Meister – Direkter Fachhochschulzugang für Meister ab Wintersemester 2008/09, München, 2008, in: Internet http://www.stmwfk.bayern.de/hs_meister.html, Zugriff am 14.08.2008.

Stockmann, Ludger und Ulrike Wiedemann (2008):

Know-how sichern, in: Personal, Heft 5, 2008.

Szebel-Habig, Astrid (2004):

Mitarbeiterbindung: Auslaufmodell Loyalität? Mitarbeiter als strategischer Erfolgsfaktor, Weinheim (Beltz-Verlag), 2004.

Thiele, Stefan (2005):

Mitarbeiterbindung im Mittelstand, in: Unternehmenswandel und Zukunftsperspektiven im Mittelstand, Rostock, S. 45-49, 2005.

Thom, Norbert (2002):

Modul Personalerhaltung und -motivation. in: Skriptum Personal I des Instituts für Organisation und Personal der Universität Bern, 9. Aufl., Bern, 2002.

Thom, Norbert (2002a):

Wechsel können, aber bleiben wollen, in: Handelszeitung. Executiveplus, 141. Jg., Nr. 8, S. 35, 2002.

Towers Perrin (2005):

Talentmanagement zwischen Anspruch und Wirklichkeit - Towers Perrin Talent Management-Studie, Frankfurt, 2005.

Towers Perrin (2007):

Global Workforce Study 2007-2008. Was Mitarbeiter bewegt zum Unternehmenserfolg beizutragen – Mythos und Realität, Frankfurt, 2007.

Weinert, Stephan (2008):

Erfolgsfaktor Mitarbeiterbindung: Bedeutung und Struktur von Mitarbeiterbindungsprogrammen für M&A, in: M&A REVIEW, Düsseldorf, Heft 6, S. 293-296, 2008.

Weiss, Reinhold (1994):

Betriebliche Weiterbildung. Ergebnisse der Weiterbildungserhebung der Wirtschaft, Köln (Deutscher Instituts-Verlag GmbH), 1994.

Weitbrecht, Hansjörg (2005):

Mitarbeiter emotional binden, in: Personal, Heft 11, S. 10-12, 2005.

Winkels, Rico S. (2007):

Demografischer Wandel: Herausforderungen und Chancen für Personalentwicklung und Betriebliche Weiterbildung, Berlin (Lit Verlag), 2007.

WirtschaftsWoche (2008):

Bitte recht fröhlich! – Gute Laune hat ein Imageproblem., Heft Nr. 26, S. 150-160, 23.06.2008.

Woschée, R. (2001):

Erfahrungen am Arbeitsplatz und Fluktuation – Ergebnisse einer Längsschnittstudie an Führungsnachwuchskräften, München, 2001.

Wunderer, Rolf und Josef Mittmann (1995):

Identifikationspolitik. Einbindung des Mitarbeiters in den unternehmerischen Wertschöpfungsprozess, Stuttgart (Schäffer-Poeschl-Verlag), 1995.

6. Abbildungsverzeichnis

7. Abkürzungsverzeichnis

%	Prozent
AFBG	Aufstiegsfortbildungsförderungsgesetz (Meister-BAföG)
BA	Berufsakademie
BIBB	Bundesinstitut für Berufsbildung
BMBF	Bundesministerium für Bildung und Forschung
BSW IX	Berichtssystem Weiterbildung 9
bzw.	beziehungsweise
bspw.	beispielsweise
d.h.	das heißt
DGFP	Deutsche Gesellschaft für Personalführung e.V.
et al.	et alii (und andere)
etc.	et cetera
Kap.	Kapitel
Mio.	Millionen
PE	Personalentwicklung
usw.	und so weiter
z.B.	zum Beispiel

Kurzlebenslauf

Kurzlebenslauf

Vor- und Nachname	Christian Liebhart
Geburtsort	Mühldorf am Inn
Geburtsdatum	22. Oktober 1984
Familienstand	ledig
03/2009 – 10/2010	Masterstudium in Human Resource Management HRM-Master Ostbayern der Fachhochschulen Deggendorf, Regensburg und Amberg/Weiden
10/2004 – 02/2009	Diplomstudium der Betriebswirtschaftslehre an der Fachhochschule Deggendorf
Stipendien	Begabtenstipendium bei der Hanns-Seidel-Stiftung
Persönliche Interessen	Gesellschaftstanz, Fußball, Wirtschaftspolitik